国家社科基金
GUOJIA SHEKE JIJIN HOUQI ZIZHU XIANGMU
后期资助项目

资产价格泡沫的识别、交叉传染与治理机制研究

汪卢俊　著

中国财经出版传媒集团

经济科学出版社
Economic Science Press
北京

国家社科基金后期资助项目
出版说明

后期资助项目是国家社科基金设立的一类重要项目，旨在鼓励广大社科研究者潜心治学，支持基础研究多出优秀成果。它是经过严格评审，从接近完成的科研成果中遴选立项的。为扩大后期资助项目的影响，更好地推动学术发展，促进成果转化，全国哲学社会科学工作办公室按照"统一设计、统一标识、统一版式、形成系列"的总体要求，组织出版国家社科基金后期资助项目成果。

全国哲学社会科学工作办公室

前　言

　　防范化解系统性金融风险、维护国家金融安全是实现中国经济发展高质量的重要前提。资产价格泡沫是金融风险的重要表现形式，如股票、债券、外汇以及房地产市场的价格泡沫。也正是由于资产价格泡沫会表现为多种形态，所以资产价格泡沫也会呈现跨市场的交叉传染特征。由此，一方面要系统识别出资产价格泡沫，另一方面需要了解不同类型资产价格泡沫之间的传染特性，才不至于在控制了一种价格泡沫的同时反而催生了另一种资产的价格泡沫，才能够系统有效地进行金融风险管控。结合资产价格的波动特征，首先创造性地提出非线性框架下的泡沫检验方法，对股市、债市、汇市以及房地产市场的泡沫风险进行精准识别，并进一步探寻不同形态资产价格泡沫之间是否存在交叉传染效应。在此基础上，对双支柱调控政策治理股市、债市、汇市以及房地产泡沫的效果进行理论机理和实证分析，并借鉴资产价格泡沫治理的国际经验，结合资产价格泡沫治理的现实路径与政策路径优化方向，构建双支柱调控框架下资产价格泡沫的治理体系。

　　本书重点研究了以下三个方面的内容：（1）在非线性框架下改进现有的资产价格泡沫检验方法，不仅有效识别资产价格泡沫，更能精准定位泡沫的生成与破灭时点；（2）结合股市、债市与外汇市场价格波动的非线性特征，科学识别股市、债市与汇市泡沫的动态特征及其交叉传染路径，在此基础上评估了双支柱调控政策的治理效果，从更加宏观和系统的视角提供有序治理的路径与政策选择；（3）结合房地产市场的独有特征，在精准识别房地产泡沫的基础上对双支柱调控框架下如何治理房地产泡沫进行分析探讨，进而为双支柱调控框架下因城施策治理房地产泡沫、化解房地产领域风险提供科学的政策参考。

　　本书的主要研究结论如下：

　　（1）在采取相关政策手段治理资产价格泡沫时，精准识别资产价格泡沫的动态特征是制定政策的依据和前提。具体识别资产价格泡沫时，需要科学描述资产价格波动的真实数据生成过程，在此基础上选择具体方法实现对资产价格泡沫的精准识别。具体地，当资产价格波动的真实数据生成过程为线性自回归模型时，采用右侧单位根检验方法可以有效监测泡沫的动态变化；而当资产价格波动的真实数据生成过程为平滑转换自回归模型描述的非线性自回归过程时，采用本书提出的方法可以获得更优质的泡沫识别效果，能够更精准地定位出泡沫的生成与破灭时点。该方法可以帮助监管主体和投资者提供更全面且精准的政策制定与投资管理依据。

（2）样本期内，非线性模型能够更好地拟合股票、债券以及外汇价格波动的真实数据生成过程。具体地，股票价格波动遵循两区制非线性LSTAR变化特征，债券以及外汇价格波动则遵循两区制的非线性ESTAR变化特征。股市泡沫存在周期性破灭性特征，第一阶段泡沫的持续期为1997年2~8月；第二阶段泡沫的持续期为1997年11月~1998年7月；第三阶段泡沫的持续期为1999年5~9月；第四阶段泡沫的持续期为2000年2月~2001年7月；第五阶段泡沫的持续期为2006年7月~2007年12月；第六阶段泡沫的持续期为2014年11月~2015年7月；第七阶段泡沫的持续期为2021年4~12月。债券市场泡沫的持续期为2004年12月~2021年12月。外汇市场主要存在两大泡沫持续期，第一阶段为2015年10月~2019年11月；第二阶段为2020年3~9月。

（3）样本期内，股市、债市与汇市泡沫存在跨市场传染特征，金融监管机构需要重视防范化解资产价格泡沫的交叉传染。从资产价格泡沫跨市场传染行为的结构性特征可知，股票市场更容易被债券市场而非外汇市场蕴含的泡沫所波及，对外汇市场的传染强度大于对债券市场的传染强度；债券市场相对独立，受外部市场的影响最小，而对其他市场的影响最大；泡沫更容易由股票和债券市场传染至外汇市场，反之，外汇市场的泡沫对股票与债券市场的传染强度较小。实证分析结果表明，资产价格泡沫在股市、债市与汇市的交叉传染行为呈现明显的时变特征，总体上表现为周期性波动，且波动幅度收窄。自2011年8月起，跨市场传染特征日益明显，在2012年7月达到样本期内的波峰值，总体传染指数达到55%；之后迅速下降至2014年1月的波谷值14%，自2014年2月~2017年3月，再次经历类似的上升与下降阶段，但波幅收窄；2017年3月~2021年12月开始在22%~41%区间内窄幅波动，资产价格泡沫的跨市场传染行为得到明显遏制。

（4）短期内，宏观审慎政策治理股市泡沫的效果最佳，而要实现对股市泡沫的长期有效治理，需进一步搭配数量型与价格型两个维度的紧缩性货币政策；短期内，单独实施紧缩性货币政策或宏观审慎政策就能实现对债市泡沫和汇市泡沫的有效治理，而从长期看，基于数量型调控政策维度的紧缩性货币政策与宏观审慎政策搭配时的治理效果更佳；短期内，单独实施价格型货币政策工具或宏观审慎政策均能实现对泡沫传染的有效治理，而从长期看，基于数量型调控政策维度的紧缩性货币政策与宏观审慎政策搭配时的调控效果更佳。基于上述研究结论，金融监管机构可以结合股市、债市与汇市泡沫的具体特征及其交叉传染状况，采用适宜的政策组合以实现对资产价格泡沫的有效治理。

（5）房地产泡沫存在因城而异的特征，主要集中在一二线城市，大多数三四线城市不存在房地产泡沫，且泡沫的持续期相对较短。从防范化解房地产领域风险的角度出发，结合房地产泡沫状况因城而异以及金融监管的现状，需要完善双支柱调控框架下的政策协调机制。紧缩的货币政策与宏观审慎政策均能有效抑制房地产泡沫，而两者的协调搭配较单独采用宏观审慎政策可以更有效地实现对房地产泡沫的治理。进一步，宏观审慎政策对于房地产泡沫的抑制作用在一线城市、省会城市以及东部地区的城市更大。紧缩性货币政策对房地产泡沫的抑制作用在非一线城市、非省会城市以及东部地区的城市更大，而宏观审慎政策显著降低了由于宽松的货币政策催生房地产泡沫的可能性。

汪卢俊

2024 年 4 月

目　录

第1章 绪　　论

1.1　研究背景及意义

党的十九大提出，要健全货币政策和宏观审慎政策双支柱调控框架，深化利率和汇率市场化改革，健全金融监管体系，守住不发生系统性金融风险的底线。这是习近平新时代中国特色社会主义思想在金融领域的根本要求，也是做好新时代金融工作的根本遵循。结合党的二十大精神，需要进一步健全货币政策和宏观审慎政策双支柱调控框架，发挥好宏观审慎管理着眼宏观、逆周期调节、防风险传染的功能，强化系统性风险监测、评估和预警，形成标准化的监测评估。

资产价格泡沫是金融风险的重要表现形式，如股票、债券、外汇以及房地产市场的价格泡沫。由于资产价格泡沫破灭会导致严重金融危机并进而影响实体经济，形成周期性经济波动（陈雨露和马勇，2012）。在经济繁荣阶段，如果资产价格泡沫不加以控制，当投资者回归理性时，泡沫就会破裂，会通过风险传染和系统性风险积累产生外部溢出和放大效应，导致金融危机的爆发（Zhang et al.，2021；Zhang et al.，2022）。因此，理论上，资产价格泡沫与系统性风险呈正相关，基于经济稳定发展与防范化解系统性金融风险的政策目标，需要对资产价格泡沫形成的金融风险进行有效监测。同时，由于资产价格泡沫也会在不同市场之间相互传染，为守住不发生系统性金融风险的底线，需要对资产价格泡沫进行有效治理，不仅要防范各种资产价格泡沫，也应控制泡沫的交叉传染。

基于此，本书结合资产价格波动的动态特征，在非线性框架下提出资产价格泡沫的识别方法。据此对股市、债市以及汇市泡沫进行精准识别，并进一步探寻不同形态资产价格泡沫之间是否存在交叉传染效应，在此基础上分析了双支柱调控政策治理股市、债市以及汇市泡沫及其交叉传染行为的理论机理与具体效果。同时，由于房地产泡沫是资产价格泡沫的重要表现，加之房地产行业在中国经济发展中的重要性，对不同城市的房地产泡沫进行识别，并进行治理效果的理论机制与实证分析。最后，充分借鉴双支柱调控政策治理资产价格泡沫的国际经验，结合我国资产价格泡沫治理的现实背景和路径优化方向，构建双支柱调控框架下资产价格泡沫的治理体系。

有效治理资产价格泡沫，既是实现"防范化解系统性金融风险目标"的重要组成，也是健全"货币政策和宏观审慎政策双支柱调控框架"的必然要求。通过双支柱调控框架下货币政策以及宏观审慎政策的协调与有序搭配，可以实现有效治理资产价格泡沫的政策目标，进而守住不发生系统性金融风险的底线。据此，本研究具有如下学术价值：

（1）理论价值。从计量方法理论研究层面，研究成果所提出非线性框架下的资产价格泡沫识别方法，具有一定的理论价值，丰富了资产价格泡沫识别方法、非线性时间序列分析等相关领域的研究。从资产价格泡沫治理理论层面，探讨了资产价格泡沫交叉传染问题，提出以更加宏观和系统的视角审视资产价格泡沫治理问题，体现了习近平新时代中国特色社会主义思想在金融领域的应用。

（2）现实意义。本书不仅可以有效识别出不同资产市场是否存在价格泡沫，还可以精准定位泡沫生成与破灭的具体时间，并讨论了不同类型资产价格泡沫的交叉传染效应，决策部门可以据此判断应关注的金融风险领域，针对特定的资产价格类型进行调控，并决定是否应采取相关措施来有效杜绝泡沫的"外溢效应"，实现对资产市场的全局把控，有效防范系统性金融风险。进一步，评估了双支柱调控框架下不同政策组合对资产价格泡沫的治理效果，可以为现代金融体系下有效治理资产价格泡沫的政策工具选择提供理论支持和决策参考。

1.2 研究现状

1.2.1 资产价格泡沫的识别方法

资产价格泡沫的识别方法，一直是计量与金融领域的研究热点和重要内容。传统的识别方法大体可以分为直接识别法和间接识别法。直接识别法主要借助统计指标或计量模型估计资产价格的内在价值，通过资产价格与其内在价值之差得到具体的泡沫值。直接识别法存在的主要问题是很难准确度量股票的内在价值，识别效果很大程度上依赖于选取指标的特征，但究竟哪些因素能够影响资产的内在价值难以判断，而且影响因素自身的变动也具备时变性特征，诸如 GDP、CPI、利率等宏观经济变量均需要通过相应的模型设定与假设检验后进行估计，但由于不能确定模型设定和假设检验的准确性，难免会在识别时出现偏误，进而导致资产价格的内在价值难以被合理估计，从而泡沫识别结论也不科学。

因此，基于时间序列分析方法的间接识别法成为识别资产价格泡沫的主流方法，该方法的理论基础为理性泡沫模型，主要基于股票价格的异常波动源于股票价格泡沫变动的假设，本质上是一种计量方法，因而在识别是否存在泡沫时，只需关注资产价格的异常波动。

关于资产价格泡沫的识别方法，席勒（Shiller, 1981）提出方差界检验，勒罗伊和波特（LeRoy and Porter, 1981）也对此展开了研究，根据方差界条件，资产价格的事后波动率应大于事前波动率，结合布兰查德和沃森（Blanchard and Watson, 1982）、梯若尔（Tirole, 1985）的分析，可以通过检验这一条件判断是否存在资产价格泡沫。实际上，席勒（1981）最早利用这一方法对 1871 年以来标准普尔指数的年度数据进行了分析，发现股票的实际波动率反而四倍于事后波动率，据此可推断出研究期间内存在股市泡沫。但在资产价格及其收益率序列均为非平稳过程的条件下，马什和默顿（Marsh and Merton, 1986）指出，即使不存在泡沫，方差界条件也难以满足。曼昆（Mankiw, 1985）等从理论上推导认为方差界检验并不合理，虽然方差界条件不成立时可以推断出存在资产价格泡沫，但其逆命题并不成立，即使存在资产价格泡沫，方差界条件也可能成立，而且进行方差界检验时还需检验股价的平稳性，同时计算方差，而一般股价为非平稳过程，而无条件方差假设的条件也难以满足。克莱顿（Kleidon, 1986）也指出席勒（1981）的研究中存在的一个问题，在具体计算时使用的时间序列方差，并未采取方差界条件中描述的固定时点的横截面方差，由此产生的不一致使方差界检验的适应性受到限制。韦斯特（West, 1987）提出两步法进行检验，首先运用计量方法进行泡沫识别，利用是否存在泡沫的两种不同情形得到股利与股价之间的系数，如果不存在资产价格泡沫，则两个系数不存在显著差异。根据逆否规则，当两个系数存在显著差异时，则存在资产价格泡沫。根据这一检验思路，韦斯特（West, 1987）对标准普尔指数展开了分析，在估计得出两种情形下的回归系数后，借助 Hausman 相关系数检验发现两者存在显著的差异，由此判断标准普尔指数存在泡沫。关于两步法，也存在一些质疑。首先，关于资产价格收益率序列的自回归系数，以及在此基础上估计得到的资产价格与收益率之间的回归系数，均建立在收益率是平稳的一阶自回归过程的基础之上，但由于真实数据生成过程并不可知，这一假设会导致建模的偏误，也会影响检验结果。其次，在借助 Hausman 方法检验原假设时，两种情形下的相关系数存在显著差异，说明存在泡沫。然而这一过程中，德日巴赫什和德米尔古克－昆特（Dezhbakhsh and Demirguc-Kunt，1990）认为，两步法中的检验方法在有限样本下的识别功效不高，检验尺度扭曲严重，存在过度拒绝原假设的倾向，进一步采取改进的识别方法发现，并不能拒绝原假设，泡沫并不存在。最后，单就假设检验本身而言，拒绝原假设也不必然意味着存在泡沫，由于韦斯特（1987）的研究中假设恒常的无风险收益率，当这一条件无法满足时，原假设同样不能被拒绝。根据布兰查德和沃森（1982）的研究，不存在资产价格泡沫时，收益率序列为差分平稳过程；而当存在理性泡沫时，资产价格序列的期望会呈现指数级爆炸增长的特性，无法在差分后转变为平稳序列。基于此，迪巴和格罗斯曼（Diba and Grossman，1988）首先对股价和股利进行单位根检验，在平稳性检验的基础上考察两者的协整关系，据此判断是否存在股市泡沫。然而，埃文斯（Evans，1991）却认为，股市泡沫的演化是一个非线性过程，泡沫会出现反复膨胀和收缩的现象，具有周期性破灭特征，此时传统单位根检验难以发现真实的平稳性特征，蒙特卡洛模拟实验表明除存在较强的泡沫持续性时，以 ADF 检验为代表的传统单位根检验方法均不能拒绝单位根假设，之后的 EG 协整检验也很难拒绝股价与股利之间存在协整关系的原假设，检验不出周期性破灭性泡沫，也即存在"泡沫检验陷阱"。

为解决这一问题，菲利普斯等（Phillips et al.，2011）结合单位根检验方法和向前递归回归方法，提出改进的泡沫检验方法，即上确界单位根（SADF）检验方法，也称为右侧单位根检验方法，在无风险收益率为常数的假定下，将识别泡沫特征转化为自回归系数是否大于 1 的检验，具体检验的原假设是单位根过程，备择假设则是爆炸性过程，而非传统单位根检验中的平稳过程。蒙特卡洛模拟分析表明，对于周期性破灭泡沫，SADF检验较传统单位根检验有更高的检验功效，而且可以较准确地考察泡沫开始增长和破灭的具体时点。在此基础上，菲利普斯等（Phillips et al.，2015）改进递归程序，将 SADF 检验拓展至广义 SADF（GSADF）和倒向SADF（BSADF），可以识别资产价格的多重泡沫。

1.2.2 资产价格泡沫的识别及演化机理

针对资产价格泡沫的具体识别，国内学者们结合前沿的识别方法，主要对以股市泡沫为代表的资产价格泡沫进行了具体识别，相对而言，关于债市和汇市泡沫的识别涉及较少。陈浪南和黄杰鲲（2002）、史永东（2000）基于持续期检验对上海 A 股市场进行考察，均验证了股市泡沫的存在。刘熀松（2005）和屠孝敏（2006）基于 F - O 模型，考虑我国股市现状对模型进行扩展，以更准确地测度股市泡沫。杨继红和王浣尘（2006）采取卡尔曼滤波方法对我国股市是否存在泡沫进行检验，研究发现我国股市投资者的投机性较强，存在一定程度的理性泡沫。徐爱农（2007）以 1993 ~ 2006 年我国 A 股市场为研究对象，借助剩余收益模型度量了股市泡沫，研究发现从长期看我国股市内在价值相对稳定，但短期内股价波动剧烈，股票价格对内在价值的偏离也较大，股市泡沫一直存在。具体地，2001 年后股市泡沫随股价调整而缩小，而在 2006 年行情启动后股市泡沫也不断膨胀。毛有碧和周军（2007）基于剩余价值模型首先准确估计出股票内在价值，之后测算具体的股市泡沫大小。陈国进等（2009）借助动态剩余收益估值模型，考察了我国股市 1997 ~ 2007 年的内在价值，发现样本期内股市泡沫随 2006 年股权分置改革的推进和新证券法逐步出台而不断增大，至 2007 年 10 月 16 日达到最高点。汪孟海和周爱民（2009）以 250 个交易日为固定样本窗口，借助动态期限相关法对 1992 年 1 月 2 日 ~ 2008 年 11 月 28 日上证指数进行了动态分析，考察了我国股市泡沫的具体特征，研究发现股市泡沫与股票市场相伴而生，股价走势的暴涨暴跌均易催生泡沫，而随着次贷危机爆发，股市泡沫呈现周期性破灭特征。邵宇平（2010）根据动态 VAR 方法和 Gordon 模型对上证指数的泡沫进行了度量。郭华和申秋兰（2011）认为内在泡沫模型在我国股市具有较强的适应性，利用 2005 ~ 2010 年的数据进行检验后验证了这一点。陈国进和颜诚（2013）使用三区制转换模型识别出中国股市泡沫存在的潜伏、膨胀和破灭三种区制，这一非线性特征可被超常收益率和异常交易量解释。

总体上，由于 SADF 检验方法对资产价格泡沫的概念界定与弱有效市场的定义一致，具有坚实的理论基础，对于有效识别资产价格泡沫具有突破性意义（王少平和赵钊，2019），能够精准定位泡沫生成和破灭的时点，有效识别出周期性破灭型泡沫（Homm and Breitung, 2012），被广泛应用于识别股市泡沫、债市泡沫以及汇市泡沫等资产价格泡沫（Caspi and Graham，2018；Phillips et al.，2015；Hu and Oxley，2017；王少平和赵钊，2019；李雪等，2023）。

关于资产价格泡沫的演化机理，国外学者的主流观点主要从行为金融以及市场监管的角度进行阐述。麦凯（Mackay，2012）在分析英国南海泡沫危机时指出，大众的投机心理是导致股价持续攀升和不断下跌以致股市崩溃的主要原因。法玛（Fama，1965）提出的有效市场理论虽然认为股票价格对其内在价值的偏离只是暂时的，在完全市场信息和投资者理性的前提下，股票价格会很快回归其内在价值，不存在股市泡沫。这也从侧面反映出，理性投资者假定得不到满足时，股市泡沫也难以避免。哈恩（Hahn，1966）、谢尔和斯蒂格利茨（Shell and Stiglitz，1967）以及萨缪尔森（Samuelson，1967）的研究均认为股市泡沫往往伴随着市场监管的缺失和合理的政策引导。布兰查德（Black，1982）认为市场噪声是股市泡沫的主要成因，股票价格会由于噪声交易而不能反映真实信息，市场有效性也会因此降低，过多噪声会不断累积，促使噪声交易者以偏离内在价值的价格进行交易，股市泡沫也因之而产生。依照斯蒂格利茨（Stiglitz，1990）的思路，如果投资者相信股票可以在未来以高于现价的价格卖出，但真实价值因素并不足以支撑这一价格，此时就会存在股市泡沫。德隆（Delong，1991）则假设股票市场不仅存在理性投资者，也存在正反馈交易者；而在股市泡沫的动态变化过程中，正反馈交易会增大市场的波动，使泡沫有单方向变动的趋势，表现出追涨杀跌的现象。而理性投资者却可以洞察市场的波动，在套利的同时，客观上也平抑了股票市场的波动。勒克斯（Lux，1995）的研究表明，模仿引发的群体行为会加速泡沫的生成、膨胀和崩溃进程。当股市中悲观情绪为主时，群体行为会放大这一因素，泡沫会不断萎缩以致股价低于其内在价值；而在乐观情绪主导时，市场也会放大这一效应，促使泡沫膨胀。索内特等（Sornette et al.，1996）建立了 LPPL 模型，即对数周期性幂律模型，其基本思路是由于从众行为会导致正反馈交易，推动股票价格上涨和泡沫变动；而在泡沫较大时，股票价格会过度偏离其内在价值，发生反方向变动的概率加大。基于这一模型可较好地解释股市泡沫的膨胀和崩盘现象，而且这一理论也经 1987 年美股崩盘前的标准普尔指数的实证研究得到验证。艾弗里和泽姆斯基（Avery and Zemsky，1998）也认为"羊群效应"使对股价波动的冲击增强，导致股价偏离内在价值，产生泡沫。而关于"羊群效应"的产生原因，埃里克·张等（Chang et al.，2000）认为是不完美市场、非对称信息以及市场监管的缺失导致了股市泡沫的形成。席勒（Shiller，2000）指出羊群行为会加速股市泡沫的形成与破灭，投资者会丧失理性，忽视上市公司的财务与经营状况，不再客观评价股票的内在价值，而过于关注其他投资者的行为，在买入行为成为"时尚"时，也会盲目大量买进。反之，则会纷纷卖出。舍因克曼和熊伟（Scheinkman and Xiong, 2003）在连续时间状态的假设下创立泡沫均衡模型，认为股票投资者具备异质信念，对不同的资产持有不同的预期；而在卖空机制缺失的条件下，异质性会促使连续交易的行为，股票的交易行为也更易发生，换手率也会放大，导致股票价格容易单方向偏离股票的内在价值，加速股市泡沫的生成与破灭。赫舒拉发和萧宏德（Hirshleifer and Teoh, 2003）则指出，个体具有社会属性，其情感、思想及行为会受到他人影响，产生模仿行为和聚集现象，形成"羊群效应"。卡波普洛斯和西奥基斯（Kapopoulos and Siokis, 2005）认为股市泡沫的动态特征服从地球物理学中的古腾堡－里克特规则，如同地震发生前能量的积累，泡沫膨胀的过程过于剧烈，而且在未能提前预警或者合理控制时，很容易造成股市的崩溃。奇尔科娃（Chirkova, 2014）对2008年全球金融危机之前，俄罗斯股市是否存在显著的股市泡沫进行了检验，研究发现信贷增长和低成本的贷款推动了股市泡沫的膨胀。帕特森和辛格（Patterson and Singh, 2015）对1998～2001年美国股市泡沫不断膨胀后而又破灭的时期进行了研究，发现羊群行为在这一过程中扮演了重要角色。而根据于戈尼耶和普列托（Hugonnier and Prieto, 2015）的研究，套利行为也会推动股市泡沫的变动。

而由于我国股市成立时间相对较短，市场中非理性行为更为普遍，学者也更多从这个角度分析股市泡沫的生成机理。周春生和杨云红（2002）的研究表明，如果投资者理性的假设成立，缺乏其他的投资渠道和有效的套利机制、卖空机制缺失、上市公司很少分配红利以及政府的干预行为等都是形成股市泡沫的主要原因。吴世农和许年行（2004）从信息不对称、正反馈原理以及选美博弈等角度分析了股市泡沫的生成机理。王稳（2004）发现在我国股市演化过程中，羊群行为扮演了重要角色，不仅会导致股市泡沫的形成，也会降低股市运行效率，加大系统性金融风险的发生可能。张屹山和方毅（2007）在德隆（Delong, 1991）研究的基础上，加入了可以操纵市场的庄家角色，发现庄家会利用股票市场的羊群行为，推动股价波动而从中获利，这也在一定程度上解释了股市泡沫的成因。李少平和顾广彩（2007）基于非对称的EGARCH模型展开了研究，也发现我国股票市场存在正反馈交易者，而且在泡沫破灭过程中其作用更加明显。黄秀海（2008）认为股权分置改革和一级市场的非市场化特征是股市泡沫形成的重要原因。刘海飞等（2011）则借助实验经济学对羊群行为进行模拟，发现羊群行为是股市泡沫产生和破裂的中间变量，根源在于交易者难以充分把握市场信息，而且对信息发掘缺少重视，由此噪声交易者的存在会通过羊群行为放大市场价格的波动。王胜泉等（Wang et al.，2019）认为，杠杆率、监管强度和信用利差为银行通过影响风险溢价在资产泡沫中发挥作用提供了条件。董丰等（Dong et al.，2020）构建了动态的新凯恩斯主义模型，指出泡沫生成的主要原因是宽松的货币政策。赵庆斌等（Zhao et al.，2021）的研究认为，更高的储蓄率和更大规模的住房资产投资会导致更大的房地产泡沫。

1.2.3　资产价格泡沫的交叉传染

经济全球化和金融一体化进程的加快，正逐渐使混业经营成为一种新的趋势，跨市场的金融产品不断出现，金融市场间的联系越来越紧密，由此而产生的资产价格泡沫跨市场传染行为也成为学者们关注的重点。

福布斯和里戈邦（Forbes and Rigobon，2002）将资产价格泡沫传染定义为相关金融市场间联动性的显著提升，认为风险传染是金融市场联动的递进关系，这也是金融市场对资产价格泡沫传染的主流认识。严武和金涛（2010）指出，联动性在金融变量的关系方面具有多种表现形式，具体包括均值项联动或方差项联动，同步联动、先行联动或滞后联动，以及内生性联动、因果关系、协整关系等联动方式。卡拉马扎等（Caramazza et al.，2000）以亚洲和俄罗斯为例，实证检验了金融市场间的关联性对资产价格泡沫传染和金融危机爆发的重要影响和作用。结果表明，如果不同金融市场以及金融机构间的关联性很低，那么独立事件是很难在短时间内演变为整体的系统性风险的。

资产价格泡沫传染产生金融风险，防范系统性金融风险是我国实施货币政策和宏观审慎政策双支柱调控框架的重要目标。考夫曼（Kaufman，2003）认为金融风险不是独立存在的，具有较强的传染特征。通过风险传染路径和机制的扩散，单个或局部的金融风险容易演变成全局的系统性风险。欧洲中央银行（ECB）的报告认为系统性金融风险的核心就是传染效应，狭义的系统性风险是单个机构或市场间的传导；广义的系统性风险是单个机构或市场向多个机构、市场的传导。埃尔曼等（Ehrmann et al.，2011）指出，受益于金融市场一体化的发展，金融风险传染不仅表现为跨国间的风险传染，更主要表现为境内不同市场间的风险联动和传染。布伦纳梅尔等（Brunnermeier et al.，2020）通过实证研究发现资产价格泡沫的形成和破裂均会推高系统性风险水平。杰罗和拉米查内（Jarrow and Lamichhane, 2021）构建异质性主体模型来研究资产价格泡沫及其传染与系统性风险之间的关系，发现泡沫及其传染行为增强后，系统性风险也由此增大。

关于资产价格泡沫传染的相关研究，大多数现有研究都集中在资产跨境传染（Caporale et al., 2005; Dungey et al., 2006）或不同国家之间的跨境和跨资产传染（Hartmann et al., 2004; Baur and Lucey, 2009; Baur et al., 2010; Raza and Wu, 2018）。一个国家内跨市场传染相关的研究相对较少，且文献通常只涉及两类资产价格泡沫之间的传染。例如，大多数资产价格泡沫传染的研究都集中在股票和债券（Baur and Lucey, 2009; Baur et al., 2010; Longstaff, 2010; 陈学彬和曾裕峰, 2016; 郭文伟, 2018）、股票和外汇（Inci et al., 2014; Kal et al., 2015; Moraleszumaquero and Sosvillarivero, 2018），或股票和房地产（Deng et al., 2017; Dieci et al., 2018）的相互传染上。2008 年国际金融危机以来，更多的研究将其视为系统性金融风险的一个环节，主要集中在研究金融机构尤其是银行体系的系统性金融风险（黄聪和贾彦东, 2010; 范小云等, 2012; Greenwood et al., 2015; Laeven et al., 2016; 杨子晖和李东承, 2018; 郁芸君等, 2021; 王辉等, 2021; 方意、张瀚文和荆中博, 2022），缺少从股票、债券以及外汇等金融市场角度的分析，国内相关研究尤其如此，少数文献基于股市泡沫展开研究，重点讨论了股市泡沫在国际市场的传染问题（杨子晖和周颖刚, 2018; 杨子晖等, 2020; 杨子晖和王姝黛, 2021; 何德旭等, 2023）。根据布朗利斯和恩格尔（Brownlees and Engle, 2017）的研究，金融市场蕴含的风险均会对系统性金融风险产生影响。资产价格泡沫是金融市场风险的主要形态，具体到中国金融市场，通常呈现为股市、债市与汇市的异常波动（易纲, 2018）；资产价格波动会作用于金融稳定渠道而对系统性金融风险产生影响（王擎和田娇, 2016）；根据董丰和许志伟（2020）的研究，资产价格泡沫会加大整个金融系统风险，从而对宏观经济造成威胁。为此，本书从资产价格泡沫视角分析系统性金融风险问题，不仅从股票、债券与外汇市场蕴含的风险入手，讨论如何抑制资产价格泡沫，而且进一步借鉴杨子晖和周颖刚（2018）的研究，提出资产价格泡沫治理的内涵，即资产价格泡沫治理的核心思想是不仅要抑制具体金融市场蕴含的价格泡沫，还要防范一个金融市场所面临的泡沫冲击，将向金融系统中的其他市场迅速传递，即资产价格泡沫的跨市场传染行为。现有相关文献关于股票市场、债券市场以及外汇市场间风险传染效应的研究还很有限。

一些研究从信息溢出的角度考察了行业风险溢出的传导渠道。GARCH 模型通常用于揭示股票市场的波动溢出效应（冯凌秉等，2017；Hassan and Malik，2007）。其他研究采用迪博尔德和耶尔马兹（Diebold and Yilmaz，2014）提出的方差分解方法来探索不同市场间的风险溢出。随着极端事件的频繁发生，行业间的尾部风险传染越来越受到关注。但是，GARCH 模型所表征的条件方差是为了衡量对称风险，因此不适合衡量偏态分布的尾部风险。此外，迪博尔德和耶尔马兹（Diebold and Yilmaz，2014）的研究侧重于不同行业部门对预测误差方差的贡献，因此很少提及资产价格泡沫。通过拓扑网络对尾部依赖进行建模也被广泛用于衡量行业间的关联性和系统性风险溢出（李政等，2019；Zhang et al.，2021）。此外，越来越多的研究表明，行业在经济中的地位会影响行业间的风险传染（Aobdia et al.，2014）。陈创练等（2017）的研究表明，股票市场对债券和外汇市场的影响相对较大，汇率冲击在短期内对股市的正效应大于对债市的负效应；股市冲击对汇市和股市的短期效应具备不确定性，长期看没有影响；债市冲击对股市和汇市存在负效应影响，长期的影响极小。

本书拓展了相关文献，与之前的研究不同，具体考察股市、债市与汇市泡沫的交叉传染行为，帮助金融监管机构发现潜在的金融风险点，为防范化解系统性金融风险提供新的视角。

1.2.4 双支柱调控政策与资产价格泡沫治理

现有研究在讨论资产价格泡沫治理问题时，主要基于货币政策角度分析其对资产价格波动的影响，较少从宏观审慎政策视角展开分析，也很少以资产价格泡沫为研究对象。本书旨在讨论双支柱调控框架下如何优化政策组合以实现对资产价格泡沫的有效治理，需要对双支柱调控政策以及资产价格泡沫治理的相关研究进行综述。

（1）双支柱调控政策的相关研究。鉴于资产价格泡沫对金融市场以及实体经济产生的严重危机，资产价格泡沫治理一直是金融市场关注的重点，然而对于如何利用货币政策进行治理还没有定论，大体可分为两种观点。以格林斯潘（Greenspan，1989）为代表的学者认为，资产价格不应该成为货币政策目标，影响资产价格的因素较多，既包括基本面因素，也包括监管者和投资者信息的变化等，中央银行只有在资产价格泡沫破裂后，才能确认泡沫的存在，并采取救助措施。由于泡沫本身是人类乐观和悲观情绪的交互影响，中央银行很难预测公众信息的扭转，因此，难以预测泡沫何时发生，中央银行也只能被动地采取"事后救助"策略。伯南克（Bernanke，2001）对此则持相反观点，他认为，货币政策可以对资产价格泡沫进行关注，特别地，当资产价格波动影响了中央银行对通货膨胀的预期时，货币政策应对资产价格泡沫中反映出来的未来通货膨胀信息进行关注。张晓慧（2009）认为从通货膨胀机理来看，"结构性"物价上涨成为未来的主要趋势，特别是资产价格和初级产品价格的上涨对通货膨胀的影响越来越大；由金融投机导致的初级产品价格暴涨可能成为引发通货膨胀的重要因素；当消费者物价指数明显上涨时，已处在资产价格泡沫破裂的前夜，货币政策制定者应予以提前关注。国内大多数学者认为资产价格泡沫与通货膨胀相关，也理应成为货币政策关注的目标，同时，科恩（Kohn，2009）认为由于度量泡沫何时产生的成本较大，货币政策仅需要对通货膨胀和产出缺口进行反应，也可以规避资产价格泡沫。

2008年，美国在通货膨胀率较低的情况下，资产价格体系产生了巨大的泡沫，形成全球性金融危机，对美国及世界其他国家的实体经济都造成了严重冲击。伯南克（Bernanke，2001）及其支持者们对货币政策、物价稳定和资产价格泡沫之间的关系进行了反思，逆向操作策略成为决策者的主流取向。伊辛（Issing，2009）认为，对资产价格泡沫进行货币政策干预，尽管会导致实际产出偏离目标产出，但产出缺口的损失是可以被政策实施所带来的收益覆盖的。对于采用扩张性还是紧缩性货币政策，学者们的研究结论一致认为紧缩性货币政策有利于抑制资产价格泡沫。穆姆塔兹（Mumtaz，2012）认为扩张性货币政策助长了资产价格泡沫的长大和传染，是推动资产价格泡沫破裂的主要原因，但是紧缩性的货币政策能够抑制资产价格泡沫。昂格雷尔（Ungerer，2015）认为，以信用扩张和高杠杆为主要特征的资产价格泡沫破裂会对实体经济造成非常严重的影响，可采用紧缩性货币政策提前抑制信贷扩张和杠杆率攀升。

货币政策在维护经济稳定方面具有政策优势，宏观审慎政策的协调使用可以使经济体更好地实现稳定。博里奥和沈壹赫（Borio and Shim，2007）指出，由于宏观审慎政策工具在维护金融稳定方面存在固有的局限性，完全依赖宏观审慎政策来维护金融稳定是不明智的，货币政策可发挥关键作用，帮助宏观审慎政策消除金融不平衡。雷维罗等（Revelo et al.，2020）的研究也表明货币政策有助于减少宏观审慎政策的传导时滞。与之相反，贝基罗斯等（Bekiros et al.，2020）、雷维尔洛和勒维厄热（Revelo and Levieuge，2022）的研究则表明，当面临供给冲击和投资效率等普遍性冲击时，货币政策与宏观审慎政策之间会存在目标冲突。

货币政策是总量调控，在实现经济稳定方面具有较强的政策比较优势，配合使用宏观审慎政策可以使经济体系更好地实现稳定。首先，宏观审慎政策可以降低金融周期波动，从而降低对经济周期波动的影响。金融活动具有顺周期特征，如金融市场上的公允价值、资本监管规定以及拨备计提等，考虑中国以银行机构为主导的间接融资方式，金融周期的波动主要表现为信贷规模的扩张与收缩。宏观审慎政策能够平抑信贷周期波动，从而降低对经济周期波动的影响，提高经济稳定性（马勇和章洪铭，2022）；当经济遭受较强的信贷冲击时，配合使用宏观审慎政策能够控制信贷规模扩张，避免经济体出现较高通货膨胀，从而更好地实现经济稳定（周小川，2011；Beau，2012）。其次，协调使用宏观审慎政策能够降低经济体系中投资的下降和产出的下滑。张朝洋、胡援成（2017）认为，当经济下行或货币政策转为紧缩时，适时地调整宏观审慎政策可以缓解流动性降低对上市公司造成的融资约束，从而降低经济投资下滑。对房地产领域的贷款价值比（LTV）限制能够有效遏制房价快速上涨，避免了资产价格泡沫破灭对实体经济产生的负面冲击，有利于经济产出稳定（Bean，2010；司登奎等，2019）。最后，协调使用宏观审慎政策能够显著提高社会福利，从而有利于经济稳定。乌萨尔（Unsal，2011）认为，将宏观审慎政策与货币政策协调起来，对货币政策目标而言是帕累托改进，能够有效改进社会福利。尼尔和希顿·康（Nier and Kang，2016）认为，宏观审慎政策在常态时期建立的缓冲能够在危机时期得以释放，畅通了货币政策在危机时期的传导，加强了货币政策对经济稳定目标的调控。方意（2016）、高洁超等（2017）利用 DSGE 模型也发现了货币政策和宏观审慎政策的协调使用可以促进社会福利，而在政策想要实现的目标与其盯住的目标保持一致的前提下，双支柱调控政策的有效性明显优于单一的货币政策调控框架（方意等，2022）。何德旭等（2023）的研究表明，相比于货币政策，宏观审慎与货币政策组合更有利于降低银行风险与社会福利损失。

（2）货币政策影响资产价格泡沫的相关研究。现有研究主要基于货币政策角度分析其对资产价格波动的影响，较少以资产价格泡沫为研究对象。国外关于货币政策影响股票价格的研究文献，主要集中在货币供应量、联邦基金利率以及预期对股票价格的影响方面。拉斯特鲁普（Lastrapes，1998）对 G7 集团以及荷兰货币供应量的变化对股票市场的影响进行了实证研究，发现研究结果具有异质性，法国和英国货币供应量的变化对股票市场具有微弱的负面冲击作用；而在其余国家，货币供应量的变化对股票市场价格具有显著的正面影响。贝马克和库特纳（Bemanke and

Kuttner，2005）通过实证研究发现，未预期到的联邦基金利率的变化对股票价格产生的影响，要远大于预期的联邦基金利率对股票价格的影响。

国内的研究多采用 VAR、FAVAR - BL 以及马尔科夫区制转换模型等方法对货币政策对股票价格的影响进行分析。孙华好、马跃（2003）采用 VAR 方法对货币政策影响股票市场进行分析，发现货币供应量并未对股市产生影响。何国华、黄明皓（2009）研究了开放条件下货币政策对股票市场价格产生的影响，发现银行间同业拆借利率和上海股票市场流动总值存在长期协整关系，即股票流通市值与银行间同业拆借利率负相关。郑鸣等（2010）基于马尔科夫区制转换 VAR 模型分析货币政策对股票市场的影响，发现在不同区制下货币政策对股价的影响存在异质性，即产生的影响根据时间、方向和程度的不同而有所不同。王少林等（2015）基于 FAVAR - BL 方法，对货币政策影响股价进行数量分析，发现两者之间存在非对称的互动关系。刘晓星和石广平（2018）的研究表明，不同杠杆对资产价格泡沫的影响存在显著差异，会随经济发展、泡沫演化阶段不同而不同，即使相同水平的杠杆也会因泡沫所处阶段不同而产生差异。

关于货币政策影响债券价格与股票价格的文献相对较少。傅岳（2019）认为，货币政策的公开市场操作可以通过直接和间接两种方式对债券市场产生影响。一方面，中央银行在债券市场上进行公开市场操作，必然对银行间债券市场的资金供求状况产生影响；另一方面，中央银行进行公开市场操作，投放的基础货币发生改变，进而对银行的利率、流动性和信贷投放量产生影响，从而对债券市场产生间接影响。李湛和方鹏飞（2019）认为，美联储 2019 年暂缓加息对我国债券市场形成利好。2018 年下半年以来，国内经济下行压力较大，中美国债利差不断收窄。2019 年初美国暂缓加息，美债收益率大幅下跌，中美国债利差再次拉大，中央银行对冲经济下行压力的政策空间加大，对国内债券市场形成利好。江春等（Jiang et al.，2015）的研究表明，人民币汇率市场存在泡沫，而治理泡沫的关键在于紧缩性的货币政策，尤其是利率政策，对泡沫存在显著的负向影响。杨虎（Hu，2017）的研究发现，货币政策能够直接作用于外汇市场，而外汇市场是否存在泡沫会因国家而异，但共同的一点是，泡沫的膨胀往往伴随着宽松的货币政策。为此，治理外汇市场存在的价格泡沫，不仅需要抑制单个市场的泡沫，还要着重防范泡沫在不同国家的传染，而抑制这一溢出效应的关键也是紧缩性货币政策。根据刘晓星和石广平（2018）的研究，治理汇市泡沫时需要结合杠杆对资产价格泡沫的影响机制，区分泡沫程度，优化杠杆结构，维持合理杠杆水平，避免资产价格泡沫引发系统性金融风险。罗克关（2019）认为货币政策牵一发而动全身，特别是在当前，美联储加息已走到尽头，国内经济下行压力较大，若央行通过降准释放宽松货币政策信号，势必会对本币汇率形成压力；此外，预期作为引导货币政策机制传导的重要手段，也会对汇率市场造成重要影响。

关于货币政策对资产价格泡沫的影响，主要集中在货币政策是否应对资产价格泡沫作出反应。从现有研究来看，大多数学者认为，货币政策难以有效应对资产价格泡沫。我国货币政策的目标是物价稳定、充分就业、促进经济增长和保持国际收支平衡。资产价格泡沫的产生离不开资产价格的大幅上涨，因此，资产价格大幅上涨与物价稳定的关系成为货币政策是否应该关注资产价格泡沫的关键因素。伯南克和格特勒（Bernanke and Gertler，2000）认为，只有当资产价格波动影响到通货膨胀时，货币政策才应对资产价格泡沫做出反应。张晓慧（2009）认为，资产价格及初级产品价格在全球化背景下，受到城市化、工业化等进程的影响，呈长期上涨趋势，且会对长期物价走势产生影响，但由于各国在将资产价格纳入物价指数时，难以达成一致，从而存在政策协调的难题。比恩等（Bean et al.，2010）认为货币政策应对资产价格泡沫，就需要提高利率，而这会对实体经济产生负面影响，容易干预物价稳定目标的实现，且容易实现资产价格泡沫的自我预期，因此，货币政策不应对资产价格泡沫做较多干预。徐忠等（2012）认为对于中央银行而言，是否关注房价是在中央银行是否应该关注资产价格的框架下进行的。"丁伯根法则"认为，要实现 N 个政策目标，至少需要 N 个独立的政策工具（Tinbergen，1952）。宏观审慎政策的提出是 2008 年国际危机后，主流经济体央行做出的应对金融稳定的集体反思。这是因为，从长期看，经济周期和金融周期必定是一致的；但从中短期来看，经济周期与金融周期的滞后、领先和阶段性脱离已经成为常态（马勇，2013），在通货膨胀得到良好控制的情况下，金融风险可能长期潜伏并逐渐积累，逐渐达到"明斯基"时刻，引起系统性崩溃（马勇，2013），单独应用货币政策防范资产价格泡沫风险存在较大负面影响。

（3）宏观审慎政策影响资产价格泡沫的相关研究。在货币政策和宏观审慎政策抑制资产价格泡沫的指标设计和实施效果方面，国内学者构建了不同的政策指标、运用不同的计量方法得到了丰富的研究结论。宏观审慎政策工具主要盯住金融稳定目标，但在政策工具的选择上主要借助微观审慎政策工具，如贷款价值比、资本充足率、存贷比等指标；其实施主要是为了防范化解某种具体的金融风险，因此宏观审慎政策工具具有靶向性，且只对靶向目标有较好的监管作用，对非靶向目标的监管作用较差（荆中博和方意，2018）。黄继承等（2020）构造了宏观审慎政策指数，并在模型中引入货币政策变量和宏观审慎政策变量的交叉项，用以考察两种政策的协调配合作用。王宇晴等（2022）基于《中国金融稳定报告》的思路，综合 IMF iMaPP 数据库提供的宏观审慎政策指标，结合中国国情，将窗口指导纳入宏观审慎政策体系；并在原有的宏观审慎政策工具分类的基础上，将其重新分为四类：信贷类、资本类、流动类和跨市场风险类。尤其在房地产信贷政策方面，通过搜集政策文件形成了包含利率、信贷、土地、财税等政策和重大文件的政策指标。方意等（2022）认为宏观审慎政策既可以防范时间维度的金融风险，如针对房地产和银行业的审慎管理；也可以防控空间维度上的金融风险，如降低金融机构之间的直接或间接关联。将六类宏观审慎政策工具分为信贷需求类政策工具和信贷供给类政策工具，其中家庭贷款价值比、企业家贷款价值比为信贷需求类政策工具；流动性比例要求、资本充足率要求、法定存款准备金、风险加权资产比例为信贷供给类政策工具。研究发现，信贷需求类政策的调控力度和效果优于信贷供给类，原因在于信贷需求类政策对信贷投放的调控更直接。易宇寰和潘敏（2022）的研究表明，货币政策与以信贷规模为锚定目标的差别存款准备金动态调整的宏观审慎政策构成的双支柱调控体系可以兼顾"稳增长"和"防风险"两大目标。

宏观审慎政策应对资产价格泡沫，尤其是房地产价格泡沫是具有比较优势的。利姆等（Lim et al.，2011）认为，宏观审慎政策工具在降低信贷和杠杆的顺周期方面是具有比较优势的，如贷款价值比（LTV）、债务收入比（DTI）、信贷增长上限、动态拨备规则等。库特纳和沈壹赫（Kuttner and Shim，2013）对 57 个主要国家的数据进行研究发现，住房信贷增长受到贷款价值比上限、债务收入比上限和住房部门风险敞口限制等政策工具的限制。希米诺（Himino，2015）对美国和日本两国房地产价格泡沫进行研究，发现贷款价值比上限能够有效地抑制房地产价格泡沫。孟宪春等（2018）指出，中国房地产价格快速上涨造成经济"脱实向虚"，在此背景下，单一数量型工具和价格型工具分别在稳定物价和实体经济波动方面具有相对优势，而两者混合的货币政策能够实现优势互补，通过弱化抵押约束对经济周期的放大效应，实现对经济的最优调控。徐琳琰等（2022）构建了具有微观基础的 DSGE 模型，利用 35 个大中城市 2006 ~ 2019 年的面板数据，分析双支柱政策对房价的调控效果和杠杆率对调控的影响，发现双支柱政策可以有效抑制房价上涨。江振龙（2023）认为，宏观审慎政策通过降低顺周期信贷波动减轻了房地产市场波动对宏观经济的冲击，并与货币政策形成合力，提高了经济和金融稳定性。

更具一般性的研究集中在讨论双支柱调控政策对金融稳定的影响。徐海霞、吕守军（2019）认为，货币政策与宏观审慎政策的协调效应需要根据具体的经济情况来定，当面临需求冲击时，两种政策可以相互促进；当面临的是供给冲击时，两种政策则可能会产生冲突。马勇（2019）认为，双支柱调控框架的形成具有深刻而紧迫的现实基础。一方面，传统的货币政策无法有效实现金融稳定目标，因此，需要一个政策支柱来实现金融稳定；另一方面，金融和经济体系的深度融合和相互影响的内生关系，表明货币政策和宏观审慎政策要在一个统一的分析框架下进行分析，双支柱调控工具的完备性用以实现政策目标的精准性、灵活性和针对性。马勇、付莉（2020）认为，双支柱调控框架比单一货币政策具有更好的经济和金融稳定效应，且金融稳定效应主要通过宏观审慎政策来调控，与货币政策侧重经济稳定（物价和通货膨胀）形成优势互补。刘泽琴等（2022）的研究表明，在货币政策保持中性的情况下，宏观审慎政策也基本能实现调控金融稳定的目标。陈伟泽等（2023）认为，宏观政策不应只关注经济稳定目标，还要关注金融稳定目标，而且只靠货币政策难以实现双稳定目标，使用双支柱调控框架才能更好地实现双稳定目标。董丰等（2023）对双支柱调控政策如何通过调节资金成本和银行资产负债表来应对资产泡沫进行研究发现，泡沫的加速和缓冲机制占主导时，逆风货币政策和宏观审慎政策均能有效维护经济金融系统稳定，实现"防风险"和"稳经济"的双重政策目标。陈志成等（2023）的研究发现，结构性货币政策与宏观审慎政策具有叠加效应，可以形成较好的政策合力以化解金融风险。

1.2.5 既有研究尚未涉足领域及进一步研究的问题

以上分析从多角度探究了资产价格泡沫的识别、交叉传染与治理等问题，可资借鉴之处颇多。但存在三点可拓展的空间：（1）既有研究对资产价格泡沫的识别未能考虑资产价格的非线性波动特征，主要研究在线性框架下进行的泡沫识别；（2）现有研究主要集中在对股市与房地产市场泡沫的识别，忽视了资产市场相互交融的客观事实，缺少对债市以及汇市泡沫的分析，更缺少对资产价格泡沫交叉传染行为的研究；（3）既有的研究往往从货币政策角度讨论单一资产价格泡沫的治理问题，未能从货币政策和宏观审慎政策相互协调配合的视角系统分析如何治理资产价格泡沫，同时防范其交叉传染。

因此，未来的研究必须在全面且精准识别资产价格泡沫的基础上，探寻资产价格泡沫的演化规律及交叉传染路径，并综合考量不同类型泡沫的特征，探讨有效治理泡沫的方法。

现代金融体系下，需要健全货币政策和宏观审慎政策双支柱调控框架，才能守住不发生系统性金融风险的底线。本书认为，资产价格泡沫的有效治理必须立足于货币政策与宏观审慎政策的协调、有序搭配，不仅需要防范资产价格泡沫风险，还应控制资产价格泡沫的交叉传染行为。

基于此，本书主要研究工作如下：精准识别股市、债市、汇市泡沫和房地产泡沫，探寻股市、债市以及汇市泡沫的交叉传染路径与房地产泡沫因城而异的特征，评估双支柱调控政策治理资产价格泡沫的效果，基于双支柱调控框架构建资产价格泡沫的治理体系。

1.3 研究思路及方法

1.3.1 研究思路

具体研究思路如图 1.1 所示。

1.3.2 研究方法

（1）非线性时间序列分析方法。运用非线性时间序列分析方法，借助平滑转移自回归模型拟合股票、债券及外汇价格的波动。在此基础上，结合渐近分布理论与蒙特卡洛模拟实验提出更精准的资产价格泡沫识别方法，为后续分析奠定科学基础。

（2）结构分析方法。运用"资产价格泡沫的结构性特征—货币政策工具与宏观审慎政策工具的结构性搭配"分析方法，立体式研究不同政策工具组合对资产价格泡沫的治理效果。具体而言，通过分析不同类型政策工具及其组合对不同类型资产价格泡沫的影响，对政策效应进行结构性分析。

（3）政策模拟分析方法。借助时变结构向量自回归模型，对不同类型政策工具影响资产价格泡沫及其交叉传染行为的效应进行模拟分析。

（4）面板建模与分位数回归方法。借助双固定效应模型分析双支柱调控框架下不同类型政策工具组合影响房地产泡沫的效应，并采用面板分位数回归等方法进行稳健性分析。

（5）比较分析方法。充分借鉴美联储、英格兰银行、欧央行建立双支

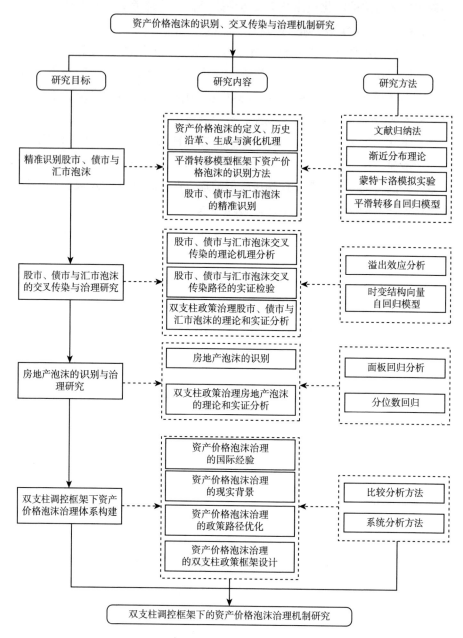

图1.1　研究技术路线

柱调控框架治理资产价格泡沫的国际经验，为我国完善双支柱调控框架、治理资产价格泡沫提供有益经验和启示。

（6）系统分析方法。为得出我国治理资产价格泡沫的有效政策设计，结合国际经验借鉴和我国现实国情，在充分考虑货币政策和宏观审慎政策各自优势的基础上，提出双支柱调控框架下治理资产价格泡沫的政策优化方案。

1.4 研究目标及内容

1.4.1 研究目标

基于防范化解系统性金融风险的宏观背景，探讨资产价格泡沫的识别、交叉传染与治理机制。最终目标是在精准识别不同形态资产的价格泡沫及其传染特性的基础上，提出双支柱调控框架下治理资产价格泡沫、防范化解系统性金融风险的有效政策设计。

具体而言，主要研究内容包含四个子目标：（1）改进现有的资产价格泡沫检验方法，在非线性框架下提出资产价格泡沫的识别方法，不仅可以有效识别泡沫，还可以精准定位泡沫的生成与破灭时点；（2）精准识别中国股市、债市以及汇市泡沫，探寻股市、债市以及汇市泡沫的交叉传染路径，量化双支柱调控政策的治理效果，从更加宏观和系统的视角提供有序治理资产价格泡沫的路径与政策选择；（3）精准识别中国城市的房地产泡沫，在此基础上分析双支柱调控框架下治理房地产泡沫的政策选择，拓展资产价格泡沫治理的研究范围，也为因城施策治理房地产泡沫提供新的视角；（4）构建资产价格泡沫的治理体系，结合资产价格泡沫治理的国际经验，提出双支柱调控框架下的合理政策设计，为治理不同类型资产价格泡沫及其交叉传染行为提供政策参考。

1.4.2 研究内容

全书共7章，主要内容如下：

第1章，绪论。主要阐述选题背景及意义，对国内外相关研究现状进行综述，并介绍研究内容、研究方法与技术路线、结构安排等。

第2章，资产价格泡沫的理论分析。首先，界定资产价格泡沫的定义；其次，通过比较分析资产价格泡沫的历史沿革，发现一般规律和特征；最后，分析资产价格泡沫的生成与演化机理。

第3章，资产价格泡沫的识别方法。充分考虑到资产价格波动的非线性特征，在平滑转移模型框架下提出有效识别资产价格泡沫的方法。

第4章，股市、债市与汇市泡沫的识别及交叉传染特征。首先，对股票、债券以及外汇价格的波动特征进行分析；其次，结合第 3 章提出的泡沫识别方法对股市、债市以及汇市泡沫进行精准识别，不仅对是否存在泡沫进行科学判断，还进一步定位泡沫的生成与破灭时点。

第 5 章，股市、债市与汇市泡沫的治理。首先，分析双支柱调控政策对股市、债市和汇市泡沫的影响机理，并对其异质性影响进行实证分析；其次，分析双支柱调控政策治理股市、债市和汇市泡沫交叉传染行为的理论机理并进行实证分析。

第 6 章，房地产泡沫的识别与治理。从城市层面对房地产泡沫展开了精准识别，在此基础上，对双支柱调控政策影响房地产价格泡沫的机理展开理论分析与实证检验。

第 7 章，双支柱调控框架下资产价格泡沫的治理体系构建。基于前面章节的分析，借鉴国际治理资产价格泡沫的经验，充分考虑我国资产价格泡沫治理的现实背景和路径优化特征，优化资产价格泡沫治理的双支柱政策框架设计。

1.5 创新及不足之处

1.5.1 创新之处

（1）较为完整地剖析了双支柱调控政策在治理不同资产价格泡沫中的效果差异，从更加宏观、系统的视角出发来探讨资产价格泡沫的治理问题。现有研究多基于某一资产市场（如股市、债市、汇市、房地产市场）的视角来讨论资产价格泡沫的治理问题，相对忽视了资产市场相互交融的客观事实，无法从宏观或系统的角度来审视资产价格泡沫的有效治理问题。结合防范化解金融风险的背景，基于货币政策和宏观审慎政策的协调配合视角，细致分析了不同类型资产价格泡沫的识别、交叉传染和治理问题，可以为中国资产价格泡沫治理提供有价值的决策参考。

（2）基于资产价格波动的非线性特征，在平滑转移模型框架下提出有效识别资产价格泡沫的方法。研究有效识别资产价格泡沫动态特征的现有文献较为匮乏，且大多基于线性框架讨论具体的识别方法，没有充分考虑异质性投资者背景下资产价格波动的非线性特征，基于这一思路拓展资产价格泡沫的检验方法，提出精准识别资产价格泡沫的方法，不仅可以科学判断股票、债券以及外汇市场是否存在泡沫，还进一步精准定位泡沫的生成和破灭时点。

（3）对股市、债市以及汇市泡沫之间是否存在交叉传染行为进行判断。现有研究较少涉及股市、债市与汇市泡沫之间的交叉传染行为，结合信息溢出模型对此展开了分析，不仅有益于识别资产价格泡沫的跨市场传染特征，更能为金融监管机构提供治理资产价格泡沫的新思路和新方向。

（4）在双支柱调控框架下分析了治理房地产泡沫的因城施策方略。结合防范化解金融风险的政策目标，从理论机理和实证分析的角度对双支柱调控框架如何治理房地产泡沫进行了研究，并提出治理资产价格泡沫是双支柱调控政策亦应因城施策的政策宗旨。

1.5.2　不足之处

（1）未能考察大宗商品、金融衍生品等更多类型资产的价格泡沫现象，后续可以与其他领域专家合作，结合机器学习方法获取更高频的资产价格数据，建立更全面系统的资产价格泡沫识别与预警体系。在此基础上，结合数据特征，运用机器学习方法判断资产价格波动的真实数据生成过程，优化非线性框架下的泡沫识别方法。

（2）可以进一步拓展对房地产泡沫的治理研究，比如结合行为经济学理论，基于中国经济增长过程中地方政府发展房地产市场的模式优化路径，综合地方宏观经济状况调控政策，结合地方政府行为与政策环境等变量，实现更具针对性的因城施策方略，这是未来研究的重点方向。

（3）资产价格泡沫的识别方法可以进一步拓展至其他应用领域，比如地方政府债务问题，通过科学的方法确定好显性与隐性债务规模，评估地方政府综合财力一直是财政金融领域的热点与难点，而在探讨地方政府债务治理问题时，有效预警地方政府债务泡沫或可为化解地方政府债务风险提供新的研究视角。

第2章 资产价格泡沫的理论分析

2.1 资产价格泡沫的界定

泡沫最早来源于物理领域，泡沫内部气体受外力的影响会不断扩散，从而使泡沫变得越来越大，当内外压力差值达到一定临界值时，泡沫就会破灭。经济领域中资产价格的持续暴涨和暴跌如同泡沫的膨胀和破灭。金德尔伯格（Kindleberger，1987）对泡沫进行定义，认为泡沫是指一系列资产价格持续攀升又暴跌的过程。资产价格的初期上涨使人们形成价格持续上涨的预期，并吸引新的买主进入市场，此时，市场投机者对资产的使用价格并不关注，只是希望在价格上涨后卖出赚取差价。凯恩斯（1936）的"选美理论"认为，进行股票投资与选美比赛类似，评委投票时容易受到他人选择的影响，但由于事先不知情，需要对他人的选择进行预测。因此，资产买卖的投机过程极易受到预期的影响。当预期出现逆转时，资产价格下跌，进而在市场上形成"羊群效应"，造成资产价格持续大幅下降，资产泡沫破灭，迸发金融危机。席勒（Shiller，2000）认为，泡沫是由投资者的购买行为引发的非持续的价格上涨，在此过程中，投机在资产价格泡沫中具有重要作用。然而，任何的投机都以获得实际盈利为目标，因此，卖出资产是必然途径，加之市场上的"羊群效应"，资产大规模卖出导致的资产价格泡沫破裂成为必然。因此，资产价格泡沫与投机、市场预期息息相关。斯蒂格利茨（Stiglitz，1992）指出，资产价格的膨胀和破灭过程隐含了一个自我实现的运行机制。当资产价格出现上涨时，市场交易者预期价格还会上涨，争相买入，大量买入需求使资产价格进一步上涨，价格泡沫越来越大；当市场预期出现反转时，部分交易者卖出资产，引起资产价格下跌，市场价格下跌又进一步造成了资产价格还会继续下跌的预期，从而引发资产价格的持续下降，造成价格泡沫破裂。日本经济白皮书

（1993）认为，资产价格泡沫严重背离经济基础面，造成了资产价格与其内在价值相脱离。因此，在确认资产价格泡沫时，还应关注经济基本面因素。

　　与国外研究类似，国内的文献在对泡沫进行定义时也存在争议。如戴园晨（2001）、周京奎（2005）等，强调资产价格泡沫与投机行为的相关性和正反馈特征。扈文秀和席酉民（2000）、徐滇庆等（2000）以及郭济敏（2005）等认为，资产价格泡沫是一种非均衡现象，资产的内在价值由其经济基础面决定，但投机需求会使股价脱离其内在价值，进而产生泡沫。还有学者从资产价格泡沫度量的角度出发，对泡沫的动态特征进行研究。如葛新权（2005）认为，资产价格泡沫对内在价值的偏离，投机预期是其主要影响因素，应予以重点关注。成思危（2007）认为，由于资产价格泡沫在膨胀或者破灭的过程中，投资者情绪产生较大的影响，过于乐观的情绪产生贪婪，过于悲观的情绪产生恐惧，最后使得资产价格泡沫的膨胀和破灭超乎预期，并且其膨胀和破灭的速度也远快于平均的涨跌速度。

　　根据以上分析，现有研究对资产泡沫的定义主要从金融资产价格与其内在价值偏离的角度以及资产价格偏离实体经济暴涨的角度进行分析。后者也可以看作是资产价格暴涨与通货膨胀之间的关系，本质上也是资产价格偏离其本身内在价格导致的。两种角度都可以用资产价格泡沫膨胀和破灭的周期来阐述，在第一阶段，出于经济基本面向好，行业政策利好抑或是其他外生冲击，产生资产价格上涨；在第二阶段，资产价格继续上涨脱离其内在基本价值，由于具有升值预期，公众通过各种融资手段加杠杆，推动资产价格进一步上涨；在第三阶段，受经济基本面下滑或政策负面冲击等的影响，公众预期发生转变，资产价格开始下跌；在第四阶段，随着资产价格的下跌，居民预期进一步下降，高杠杆难以维持，出现难以偿还以及资不抵债的情况，爆发资产泡沫危机。

　　本书对资产价格泡沫的定义，重点在关注资产价格陡然上升又突然下跌的周期性破灭过程。在此基础上，分析构建现代金融体系过程中如何更有效地在双支柱调控框架下治理资产价格泡沫。

2.2　资产价格泡沫的历史沿革

2.2.1　"荷兰郁金香"事件

17世纪爆发的"荷兰郁金香"事件是世界上首次有记载的泡沫事件。

当时，郁金香花卉形态优美，被广泛引入维也纳，并在欧洲引起较大关注，被大量移植购入。根据郁金香不同花朵的差异，可以不同的价格出售，由于郁金香本身的种子和花朵存在较大的差异，罕见的花卉种子可以特别高的价格出售。限于花卉种植和盛开具有季节性特征，为便于花卉交易，推出了郁金香期货。金融期货手段的运用使花卉交易突破了季节性特征，进一步助推了郁金香价格上涨。

郁金香价格的不断上涨使荷兰居民看到了投机交易的契机，各阶层纷纷加入其中，当投机交易达到极致时，实体经济被弃之一边，其他经济活动停滞。与此同时，郁金香交易所开始出现在荷兰的鹿特丹、阿姆斯特丹等大型城市，交易所金融属性的加持，郁金香花卉现货和期货交易所带来的财富的不断转移，使郁金香交易成为全民热衷的项目，投机者一致相信花卉价格会一路上涨，并创造财富。这样的预期和信念使大众形成了一致性的行动，交易行为逐渐变得疯狂，部分民众甚至进行房产抵押获得贷款进入花卉市场，花卉市场上的资金越来越多。但花卉的实际使用价值和投资价值均不能支撑其价格的不断上涨，当部分投资者意识到花卉应适时卖出、获得盈利时，这一行为引发了市场恐慌，导致郁金香价格大幅快速下跌，之前开发的交易市场以及期货、抵押贷款等金融手段的运用进一步加速了郁金香价格下跌的过程。不到一年的时间，郁金香价格泡沫已经完全崩溃，市场交易价格已经下跌超过90%，交易所受到严重打击，实体经济也陷入长期低迷。因此，这一事件也被称为"郁金香狂热"，并成为经济泡沫的代称。

2.2.2 "法国密西西比泡沫"

18 世纪初期，法国摄政王奥尔良公爵主持朝政，彼时法国信用岌岌可危，国家财政已到崩溃的边缘，财政收入难以支付外债的利息。1716年，约翰·劳得到政府的批准后，成立了"劳氏公司"银行，发行可以缴税的纸币，并一举成为国营的皇家银行。与此同时，成立密西西比公司，垄断了钱币铸造。鉴于密西西比公司获得的巨额垄断利润，公司发行的股票受到投资者的欢迎，并开始了大幅上涨，涨幅超过了 20 倍。之后，密西西比公司发行了 30 万股股票用于偿还 15 亿里弗尔的国债，然而，不到半年的时间内，股票价格就上涨了 2 倍多。在此情形下，投机者不断涌入股票交易所，专注利用股票的买卖差价赚取高额利润。密西西比公司的业务无人关心，公众只关注股票价格暴涨带来的暴富。为配合股票市场的货币需求，市场上的货币发行量也逐渐增多，较多的货币发行量也推动着股市泡沫的膨胀。

股市泡沫不断膨胀的同时，金融体系与经济中蕴含的风险也愈发严重。彼时，孔蒂亲王购买新股票的要求被拒绝后，遂用大量纸币到皇家银行兑换硬币。这一行为引发了其他精明投资者的效仿，投资者逐渐意识到股票价格一直攀升的势头难以持续，兑换硬币的狂潮掀起。由于流通中的硬币并不足以维持市场信心，政府出台了严禁私人持有超过一定量硬币的政策，并对违背这一政策的行为进行严苛的处罚。政府对货币发行和流通控制无力的行为，引发了居民对股票市场信心的进一步下降，股票价格暴跌。为维持股票价格，皇家银行先后发行了大量纸币，使货币流通量大幅增加，远远超过硬币存量。最终，法国国务会议宣布纸币贬值50%，并停止银行的兑付硬币业务。1720年5月开始，密西西比公司的股价连续13个月下跌，跌幅超过95%。股市泡沫破灭带来了经济衰退和民生遭受重创，泡沫引发的金融危机也诱发了法国王朝的灭亡。

2.2.3 "英国南海泡沫"事件

18世纪初，英国爆发了"南海泡沫"，彼时英国经济蓬勃发展，社会储蓄和投资总量居于高位，但投资渠道匮乏。市场上过高的流动性催生了金融创新，"南海公司"成立，并在恢复政府信用和认购政府债券的同时，垄断经营南海贸易业务。加之，墨西哥和秘鲁丰富的地下金银储备可以通过工商贸易行为涌入英国，投资者普遍认为南海公司的股票具有很高的投资价值，全国公民上下均加入了投资行列。对股票的强烈需求加剧了股价的飙升，半年内涨幅达到700%。在巨大利益的驱动下，投资演变为投机，公民的投机行为变得疯狂，公司的真实经营和财务状况已不重要，股票的真实价值被忽略，投机越演越烈。投机演变为泡沫后，1720年6月，英国国会出台《泡沫法案》以抑制泡沫的进一步膨胀。公众抛售股票，股票价格开始下跌，并向市场弥漫。在随后的半年里，股票价格狂泻千里，股价下跌了87.5%，"南海泡沫"破灭。这一危机也使英国股市陷入了长达一个世纪的经济低迷，公民对股票交易谈之色变。

2.2.4 2008年全球金融危机

2008年的美国次级贷款危机波及全球，并对全球经济金融体系造成了重大影响。2004~2006年，美联储连续加息17次，联邦基金利率也由1%增至5.25%，通过银行贷款购买房屋的持有者还贷压力较大。若房屋价值保持一直上涨态势，则背负房贷的购房者可以通过出售房产或者抵押的方式进行融资。一旦房产价格出现松动，利率上升，借款者不能按期偿还贷款，交易市场上的次级抵押贷款就会出现偿付危机，并由于金融杠杆的运用，而使危机波及整个金融市场。2008年，房利美和房地美被美国联邦住房金融管理局全面接管，雷曼兄弟破产，美国股票指数大跌。尽管美国财政部和美联储采取了大额的金融救援计划和大幅降息措施，但国际金融市场的波动还是不断向实体经济渗透，迅速波及全球经济金融市场，形成国际金融危机。这轮危机仍然是以房地产和股票市场的虚拟经济背离实体经济，使资产价格不断积累泡沫，泡沫必然破灭后造成的恶劣影响。

2.2.5　资产价格泡沫历史事件的演化规律分析

对历次资产价格泡沫事件进行总结，发现资产价格泡沫的产生和破灭离不开以下前提。（1）资产的供给短期内没有弹性，不能在投机需求旺盛时，通过短期内加大供给平衡过量需求，从而平抑资产价格的过度波动。（2）资产的内在价值难以度量。根据马克思主义经济学原理，商品的价格围绕价值上下波动，商品内在价值的确定取决于无差异劳动时间。对应到资产方面，金融资产不同于普通商品，其内在价值的确定难以衡量，比如股票的内在价值取决于上市公司的盈利能力等；债券的内在价值等于未来现金流的折现值等。金融资产本身内在价值就取决于宏观经济波动、经济景气预期以及相关政策的干预等，而这一影响还要基于不同市场投资者的判断，难以准确衡量。准确地说，资产的内在价值对于不同的市场参与者而言是不同的。（3）较为繁荣的金融市场，投机者可以通过借贷、抵押等多种融资渠道获得资金，从而通过杠杆的力量使资产价格泡沫越吹越大，并同时为资产价格一泻千里，资产价格泡沫迅速破灭埋下伏笔。

具体而言，在资产价格泡沫产生的第一阶段，即资产价格上涨阶段，此时资产价格的上涨还未超越合理区间，主要源于资产供给在短期内缺乏弹性，部分投机者能够在短期内基于供给和需求的不平衡，抬升资产价格。第二阶段，资产价格迅速上升并超越合理区间，产生资产价格泡沫，此时，资产价格初期上涨带来的盈利，给公众投资者预期资产价格进一步上涨的信念，由于资产内在价值难以确定，受到宏观经济政策、经济波动以及行业政策等影响，资产价格飙升，产生资产价格泡沫，资产价格严重脱离其内在价值，却不能引起公众的警觉。公众仍沉浸在资产买卖盈利的乐观情绪中，非理性投机者甚至认为资产的内在价值就是当前泡沫状态的价格水平。第三阶段，持续的资产价格泡沫膨胀需要源源不断的资金流入，此时，各种融资渠道助推资产价格泡沫迅速膨胀，并为之后资产价格的迅速破灭、对市场预期造成严重打击埋下伏笔。在这一过程中，金融深化以及金融科技手段的创新应用为便利化融资创造了条件，也为资产价格泡沫的迅速膨胀创造了条件，更为泡沫的迅速破灭埋下了伏笔。

资产价格泡沫膨胀与破灭的过程还具有以下三个特征。

（1）资产价格泡沫与通货膨胀之间存在替代效应和互补效应，但以互补效应为主。资产价格泡沫以及商品市场上的通货膨胀可以看作容纳货币存量的蓄水池，正常情况下，两个蓄水池的水位是同时上升的，表现出互补效应，但当内部通道或者说是货币政策的传导机制存在差异时，两个蓄水池的水位很难同时上升。此时，资产价格泡沫往往会替代通货膨胀，表现为资产价格上涨的速度远远高于物价上涨的速度。从另一方面来讲，如果仅仅是资产价格上涨，那么由此产生的财富效应带来收入增加，从而刺激消费，过量的需求使商品市场价格上涨，带来温和的通货膨胀。当资产价格过度膨胀后，泡沫开始破灭，对金融市场预期产生较严重的打击，但同时，由于通货膨胀的商品需求具有刚性，随之带来的对通货紧缩的影响可以忽略。

（2）资产价格泡沫的产生通常表现为房地产泡沫和股市泡沫的此起彼伏。资产价格泡沫必须要有足量的资金流动作为支撑，也奠定了以房地产和股票为载体的资产价格泡沫的此起彼伏。随着我国城镇化进程的大规模推进，房地产价格持续上涨，并成为居民资产的最主要形式。由于区域发展差距的分化，以及不同城市房地产市场发展的差异，部分城市的房地产泡沫较大，吸引了大量资金流入。当楼市调控出现政策逆向转折，市场上的资金以及原本投向楼市的资金反向流入股票市场，并引起股票市场价格泡沫的膨胀。

（3）资产价格泡沫膨胀和破灭必然伴随着信用膨胀和紧缩。在现代信用制度体系下，巨额资金流入需要应用信用杠杆，以借贷、抵押、表外、非标等手段或者渠道为主的资金融通方式得以大量应用。信用货币的产生不以贵金属为标的，而是以支撑整个实体经济增长为目标。在这一目标下，信用货币的产生和发行往往受到经济增长速度的掣肘。当经济增长率较低时，通常会实行扩张的货币政策，扩张信用，以增强金融对实体经济的支持力度。然而，随着资产价格泡沫的膨胀以及预期资产价格越来越高，更多的资金流入金融市场，产生资金的空转。并在资产价格泡沫破裂时，对金融市场及投资者信心产生严重打击，进一步损坏实体经济。

2.3 我国资产价格泡沫产生的现实背景

资产价格泡沫破灭的危害极大，对实体经济以及投资者信心造成重大伤害。世界历史中发生的诸如"荷兰郁金香泡沫""法国密西西比泡沫""美国次贷危机泡沫"都对本国以及世界经济产生了重要影响。因此，从资产价格泡沫对金融以及经济体系造成的危害出发，应认识到治理资产价格泡沫的重要性。当前，我国经济金融领域存在以下发展特征。

（1）投资过度使货币政策传导效率受到影响。投资是拉动我国经济发展的重要方式，特别是 2008 年国际金融危机发生后，投资占 GDP 的比重一直保持高位增长。高投资尽管拉动了经济增长，但也存在资金使用效率不高、产能过剩等突出问题。在经济转型期，我国企业具有明显的过度投资问题，且国有企业相对其他企业更容易发生过度投资。当前，各地地方政府对经济增长承担较多责任，通过各种方式控制经济资源，加之我国国有上市公司大部分从国有企业改制而来，其控股股东一般承担着政策性职能，以及商业银行倾向于向受到政府隐性担保的平台企业进行信贷资源的倾斜。在地方政府以经济增长为主要目标的导向下，金融资源也向地方政府倾斜的经济投资领域流入，引发企业过度投资、投资建设重复度过高等问题。我国的国有企业以及地方政府平台企业通常会接受政府显性或者隐性的援助，在财务预算上的约束较弱，举债的动机较强，在此背景下，当衡量投资收益和融资利率时，对贷款利率的上升并不敏感，从而导致信贷资金的无效率使用。进一步导致我国以利率为货币政策中介目标的货币政策传导不畅，不能有效引导信贷资源流入经济效率较高的领域。

（2）产业结构扭曲导致信贷资金过度流入房地产、基建等行业。我国产业结构呈现一定扭曲，特别是在地方政府主导经济增长的模式下，国有企业以及地方政府平台相对其他产业部门，更容易得到信贷资源。房地产行业由于坏账率较低，且在城镇化浪潮以及居民住房需求改善的形势下，也率先在信贷资源配置中受到重视。在此情况下，加剧了我国经济结构的扭曲，房地产以及国有企业，由于存在政府隐性担保以及预算软约束等问题，存在投资扩张和过度的问题，推升了利率上涨。利率上涨导致融资成本上涨，进一步使信贷资源更加向有政府担保和坏账率较低的领域流入，甚至会挤出原本在低利率条件下可以融入资金的行业，使这部分行业融不到资金，导致这部分行业的萎缩，经济结构进一步扭曲。因此，我国货币政策应保持松紧适度，不宜过度扩张，使资金在房地产以及国有企业空转，产生资产价格泡沫，且使资金不能流入其他更有效率的产业部门。货币政策并不能有效解决经济结构的转型升级，只能从土地制度改革、财政体制改革以及转变地方政府职能入手，从源头上遏制房地产、国有企业以及地方政府平台等企业的资金过度需求。

（3）房地产泡沫成为我国经济金融体系中的主要风险点。地方政府在我国经济增长方式和模式选择中占据主导地位，地方政府的行为也会对货币政策的传导形成干预。在晋升激励锦标赛下，地方政府对追求经济增长具有较强的偏好，这也导致地方政府倾向于通过投资在短期内拉动经济增长，进一步引导了房地产、国有企业以及地方政府平台的过度投资。房地产价格泡沫已经成为当前我国经济金融体系防范的主要风险。地方政府主导经济发展，在基建等领域进行开发投资需要扩张财政支出，在我国中央和地方二级财政体制下，在城镇化以及地方政府主导投资和基建的形势下，房地产领域的土地出让收入成为其财政收入的重要来源。房地产价格泡沫不仅对工业生产形成了挤出效应，还形成了居民家庭的高杠杆，一旦以房产抵押为链条的信用扩张中断，对居民家庭造成的影响较大。美国、日本都爆发过较为严重的房地产泡沫危机，金融界也有"十次危机，九次地产"的说法，因而在防范化解系统性金融风险的过程中尤其需要重视房地产泡沫风险。

2.4　我国资产价格泡沫的形成原因

过往的历史经验一再表明，资产价格泡沫的膨胀以及破灭是金融危机的重要内容，本节对我国资产价格泡沫的形成原因展开研究，以为后文研究奠定基础。

2.4.1　资产供求不平衡

资产价格会受到供求关系的影响。资产市场上的供给和需求对比情况也会影响资产价格，尽管资产市场也会根据市场需求择机选择供给，但从供求动机来看，资产市场的需求与普通商品的需求不同，并不具有必然性，而是具有较强程度的趋利特征。因此，当资产具有吸引力以及具有较强的赚钱效应时，投资需求更容易产生，资产价格的变动幅度也较普通商品大。此外，由于资产内在价值难以确定，且价格主要受到供求关系影响，而供求关系受到市场预期的影响，因此，资产价格的变动呈现出顺周期的特征。即当资产价格上涨时，市场投资需求强烈，进而推动资产价格进一步上涨；当预期出现逆转、资产价格下跌时，需求下降，资产价格也一泻千里。可见，无论资产价格任一涨跌过程，供求关系都会导致资产价格有沿趋势运动的内在动力，进而形成资产价格的顺周期变化。

以我国股票市场为例。股票的供给方式主要包括新股发行、再融资、股利分配、大小非解禁等，其中新股发行是股票市场供给的主要来源，也是整个市场最重要的扩容方式。从新股发行上市审核制度的演变来看，主要经历了额度管理、指标管理、通道制、保荐制以及注册制五个阶段。前两项属于审批制，之后两项属于核准制，总体上反映了从审批制到核准制的转变过程，而随着核准制下，财务造假、退市不畅等弊端逐步显现，注册制应运而生。注册制意味着多层次资本市场建设的进一步完善，通过以市场为核心的价值发现机制，引导资本流向具有创新价值的重点领域和薄弱环节，实现资本与实体经济的良性循环。其产生的背景主要在于审批制和核准制存在的天然弊端，即无论从发行家数、时机、频率以及额度来看，审批制和审核制都具有行政化的市场调节色彩。当股票市场处于低迷状态时，可以通过中止审核、停发新股等方式抑制股票供给；在股票市场处于持续上涨阶段时，可以通过启动新股发行以及增加股票的发行数量等方式增加供给。这一供给调节方式往往成为促成股市大跌的主要原因。

从货币资金作用于股票的方式来讲，其具体作用过程如下。我国股票市场的开户数比重和股票市场资金量占储蓄总量比重均不高，股票市场的资本化率较低，新增投资股票资金的基础较为广泛。同时，我国股票市场呈现"牛短熊长"的特征，股市账户中大量资金是以保证金的形式存在的，当股票价格上涨时，就成为资金涌入股票市场的基础。加之随着融资融券交易制度的推出，为满足投资股市需求提供了充足的资金来源。资金的供给弹性较大，一定程度上强化了股票供给的相对稀缺性。从而在股票市场容量有限的条件下，一旦股市具有市场机会或者呈现出赚钱效应时，股票市场的存量资金被激活，增量资金特别是杠杆资金进入市场，在股票供给保持不变的情况下通过股价上升消化增量资金，从而在供求失衡的状态下迅速形成价格泡沫。当市场受到政策冲击或者其他改变市场预期的事件发生时，股票集中抛售，增量杠杆资金迅速清仓离场，使股票市场呈现供过于求的局面，引发股价的下跌及泡沫的破灭。总体上，股票市场上投资资金的迅速涌入及撤离，引发股市泡沫的膨胀与破灭。

2.4.2 投资结构与投资者结构

从行为主体来看，资产价格泡沫的产生离不开投资者的投资结构以及资产市场上的投资者结构，投资结构决定了资产选择和资金的流向，投资者结构决定了市场上的噪声和投资者是否理性。

从居民的投资选择来看，居民财富的投资选择由绝大比例存放银行逐渐演变为进行多元化投资，房地产、银行理财、股票、基金、信托、保险以及海外资产等领域都成为投资者进行资产选择的重要组成部分。从个体选择来讲，个人财富总额是既定的，当资产市场低迷时，具有稳定收益的理财产品成为较明智的资产投资对象，此时，货币资金的流出进一步推动了资产价格的下降。当资产市场具有市场机会时，居民投资资金流向资产市场，助推资产价格泡沫膨胀。资产市场上资金流入和流出的这一顺周期特征加剧了资产价格泡沫的膨胀与破灭。以股票市场为例，股票市场上的机构投资者会根据市场状况做出调整，在股票与债券之间做好投资仓位调整，当对股票市场不看好时，会主动卖出股票或主动降低股票仓位调整资产投资组合；当对股票市场看好时，则买入股票或提高股票仓位。此外，由于公募基金考核机制的设计，使得基金经理投资行为"追涨杀跌"的短期化特征明显。从而在股市向好时主动加仓、增加规模助推资产价格泡沫上涨；在股市低迷时，主动减仓、降低规模推动资产价格泡沫破灭。

从投资者的市场结构来看，我国股票市场的参与方主要是中小散户，从而使股票交易市场呈现较强的非理性特征，形成市场噪声。相对而言，个人投资者相较法人而言，资金规模较少，对信息的分析和处理能力较差，在整个股票市场交易中属于噪声交易者。从理论和实践经验来看，噪声交易者的行为往往表现出非理性特征，是推动股市泡沫的主要动因。个人投资者在历次泡沫历史事件中容易被机构投资者所主导，助推或者加速了资产价格泡沫的膨胀和破灭。近些年来，私募机构由于具有一定的资金管理权、投资限制少，能够获取一定信息，但投资能力较差，具有散户化特征，对股票价格泡沫的膨胀和破灭也产生了重要影响。

2.4.3 资产市场制度建设

相对而言，股票市场的制度建设较房地产市场更为完善。以股票市场为例，股票市场制度主要包括综合类、发行类、市场交易类、上市公司类以及针对各市场参与主体类制度等，其中 IPO 及增发审核等发行类相关制度、市场交易类中的涨跌停制度、"T+0"或"T+1"制度、印花税、交基础是适应性预期理论，认为股票价格的上涨或下跌会导致对股价进一步上涨或下跌的预期。其中隐含的假设是投资者信心或预期会随股价波动而同方向变动。加之信息不完全性的影响，股价的初期变动主要受掌握信息优势的投资者主导。大多数投资者的非理性行为如同正反馈理论所揭示的，呈现出追涨杀跌的特征，导致股价的变动趋势增强，股市泡沫的变动也更为剧烈。根据凯恩斯（1936）的描述，即著名的选美理论，股票市场参与者的投资决策并不依赖于自身对股票价值的判断，而取决于推测其他人对股票的认同度，但由于信息不对称，这种推测的可靠性值得怀疑。同时，其他投资者也会持有这种投资心理，最终导致投资者的决策偏离最优决策，股票价格也会偏离其内在价值形成泡沫。从众行为同样与信息不对称相关，在群体一致性的压力下，个体很难与群体形成冲突，从自身心理安全性的角度考虑，容易发生从众行为以符合社会或大众要求，而且除心理因素外，市场传言等差异性信息会因信息不对称的作用而放大，从众行为本质上成为信息的"扩音器"，使投资者行为产生共振效应，造成股价的过度波动，形成股市泡沫的急剧变化。

2.4.5 宏观经济与政策因素

虽然资产市场不一定是宏观经济的晴雨表，但不可避免会受到经济周期的影响。根据经济周期理论，经济发展包括复苏、繁荣、萧条以及衰退四个阶段。尤其在经济处于衰退阶段时，宏观经济发展处于低迷状态，甚至严重的负增长，社会失业率居高不下，同时由于消费者对市场的悲观预期，实体经济的低迷也会传染至股票和房地产市场。

以股票市场为例，上市公司的经营以及盈利预期不断调整，股票的内在价值也持续降低。投资者也会加速股票的抛出，使股价不断下跌，最终远低于股票的内在价值，导致泡沫逐渐破灭。宏观经济因素对推动股市泡沫的形成起着关键的作用，而且影响因素众多。以热钱的流动为例，热钱流动的动机最终都以获利为目的，当一个国家股票市场出现上涨的预期，为了获利热钱就会涌入该国股票市场，推动股票价格的上涨。相反，在股票价格开始下跌后，热钱也容易为避险而主动做空，引发股票价格的下跌。更为关键的是，热钱的流动会对股市投资者产生相应的预期，加速股市泡沫的趋势性变动。

宏观经济政策的变动主要包括货币与财政政策的变动，由于政策变动的主要目标往往是促进经济增长、营造低通货膨胀环境、提高就业率以及维持国际收支平衡等，股票市场的稳定以及股市泡沫的治理并非主要的政者的零假设均是单位根过程，不同的是单位根检验的备择假设是平稳过程，而泡沫识别方法的备择假设是爆炸根过程，分别对应左侧检验和右侧检验。而与佩伦（Perron，1989）通过结构突变单位根检验质疑了尼尔森和普洛瑟（Nelson and Plosser，1982）关于时间序列平稳性的推导类似，在推断是否存在资产价格泡沫时，很可能由于未考虑到资产价格波动的非线性特征而误判是否存在泡沫。

关于资产价格的非线性波动特征，由于可以描述不同区制下对称的动态调整路径，能反映金融现实和渐变性金融政策等，同时能给出区制转移的具体非线性形式，政策建议的可操作性也较强，平滑转换自回归（STAR）模型得到了广泛运用。但由于 STAR 模型仅能描述资产价格序列条件均值的非线性特征，没有对条件方差的时变性进行较好描述，进而综合博勒斯列夫（Bollerslev，1986）提出的 GARCH 模型，借助 STAR – GARCH 模型描述资产价格的非线性波动，该模型由伦德贝里和特尔斯维塔（Lundbergh and Teräsvirta，1998）提出，在具体应用中具有较好的适应性。因此，本研究放松了菲利普斯等（Phillips et al.，2011）的研究假定，在异质性投资者的视角下，基于 STAR – GARCH 模型框架下对资产价格泡沫周期性破灭特征的识别方法展开研究，不仅拓展了资产价格泡沫识别方法这一理论计量的研究热点问题，也为治理资产价格泡沫的政策制定提供了科学依据。

3.1 LSTAR – GARCH 模型框架下资产价格泡沫的识别方法

3.1.1 LSTAR – GARCH 模型的爆炸根条件

针对某一资产价格序列 $\{y_t,\ t=1,\ 2,\ \cdots,\ T\}$，设定考虑一阶 LSTAR – GARCH 模型：

$$y_t = \varphi y_{t-1} + \theta y_{t-1}\big[(1+\exp(-\gamma y_{t-d}))^{-1} - 1/2\big] + \varepsilon_t \tag{3.1}$$

也可表示为：

$$\Delta y_t = \phi y_{t-1} + \theta y_{t-1}\big[(1+\exp(-\gamma y_{t-d}))^{-1} - 1/2\big] + \varepsilon_t \tag{3.2}$$

$$\varepsilon_t = \eta_t \sqrt{h_t} \tag{3.3}$$

$$h_t = \omega + \alpha \varepsilon_{t-1}^2 + \beta h_{t-1} \tag{3.4}$$

其中，$\eta_t \sim i.i.d(0,1)$，$\gamma > 0$，为转移速度系数，y_{t-d} 为转移变量 $\phi = \varphi - 1$，φ，θ，ϕ，α 以及 β 为待估参数，为保证估计参数的一致性与渐近正态性，需假定 $\alpha + \beta < 1$，$\omega > 0$，$\alpha \geqslant 0$，$\beta \geqslant 0$。

在进行 LSTAR – GARCH 模型的单位根检验时，检验的零假设为 H_0：$\gamma = 0$；备择假设为：H_0：$\gamma > 0$。在平稳性条件满足时，LSTAR – GARCH 模型下的时间序列会表现出非线性平稳的特征。对此，汪卢俊（2014）研究提出了较标准的线性 ADF 检验更具检验功效的检验方法。但这一检验方法并不适用于时间序列具备爆炸根的情形，结合菲利普斯等（Phillips et al.，2011）研究讨论的 AR 模型框架下泡沫的检验方法，本书对其进行了拓展，进一步讨论 LSTAR – GARCH 模型条件下资产价格泡沫的检验方法，解决时间序列爆炸根检验的难题，最终实现对资产价格泡沫的实时监测。

根据刘雪燕和张晓峒（2009）对一阶 LSTAR 模型平稳性条件的定义："$\gamma > 0$，$|\varphi + \theta| < 1$ 或者 $-2 < \phi + \theta < 0$"，陈和麦卡莱尔（Chan and McAleer，2011）进一步分析表明，这一平稳性条件也同样适用于式（3.1）所代表的 LSTAR – GARCH 模型中的均值方程，在该条件下，可以得到一致与渐近正态的参数估计量。进一步结合菲利普斯等（Phillips et al.，2011）讨论线性 AR 模型条件下泡沫检验方法时所指出，时间序列除表现为平稳和单位根过程时，还会呈现爆炸根特征，对应地，本书讨论的 LSTAR – GARCH 模型的爆炸根条件为：$\gamma > 0$，$\theta \notin [-2, 0]$。

3.1.2 爆炸根检验统计量的渐近分布

具体地，可以构建如下零假设：H_0：$\gamma\theta = 0$；备择假设为：H_0：$\gamma\theta \neq 0$。显然，零假设下 θ 不可识别，因此不能直接检验零假设，为克服这一困难，可以借鉴卢科宁等（Luukkonen et al.，1988）的做法，利用一阶泰勒展开近似的方法，生成一个类似 t 检验的检验统计量。具体地，通过将零假设下的 LSTAR – GARCH 模型进行一阶泰勒展开，可以得到辅助回归式：

$$\Delta y_t = \delta y_{t-1}^2 + error \qquad (3.5)$$

其中，$\delta = \gamma\theta/4$，零假设等同于 $\delta = 0$，备择假设等同于 $\delta \neq 0$。因此检验转化为对式（3.5）中 δ 等于零还是不等于零的检验，进而构建 t 统计量：$LG = \hat{\delta}/s.e.(\hat{\delta})$，用以检验 $\delta = 0$ 或者 $\delta \neq 0$。

在推导 LG 的极限分布时，需要在零假设下，利用 ML 方法进行估计：

$$\Delta y_t = \delta y_{t-1}^2 + \varepsilon_t \tag{3.6}$$

$$\varepsilon_t = \eta_t \sqrt{h_t} \tag{3.7}$$

$$h_t = \omega + \alpha \varepsilon_{t-1}^2 + \beta h_{t-1} \tag{3.8}$$

其中，$\eta_t \sim i.i.d. N(0,1)$。令需要估计的参数为 $\theta = (\delta, \varphi')'$，其中，$\varphi = (\omega, \alpha, \beta)'$，其 ML 估计量为 $\hat{\theta} = (\hat{\delta}, \hat{\varphi}')'$，$\hat{\varphi} = (\hat{\omega}, \hat{\alpha}, \hat{\beta})'$，为得到具体的估计量，需要最大化对数似然函数：

$$L = \frac{1}{T} \sum_{t=1}^{T} l_t \tag{3.9}$$

其中，$l_t = -\frac{1}{2}\ln h_t - \frac{\varepsilon_t^2}{2h_t}$，由于似然方程 $\partial l_t / \partial \theta = 0$ 关于 θ 非线性，需要利用数值迭代程序得到方程的解，根据凌仕卿和李伟强（Ling and Li, 2003）以及陈和麦卡莱尔（Chan and McAleer, 2011）的分析，δ 和 φ 可以分别估计，同时不失其有效性，具体地，δ 的估计值可由下面的 Newton-Raphson 迭代算法得到：

$$\hat{\delta}^{(i+1)} = \hat{\delta}^{(i)} - \left[\sum_{t=1}^{T} \frac{\partial^2 l_t}{\partial \delta^2} \right]_{\hat{\delta}^{(i)}}^{-1} \left[\sum_{t=1}^{T} \frac{\partial l_t}{\partial \delta} \right]_{\hat{\delta}^{(i)}} \tag{3.10}$$

$\hat{\delta}^{(i)}$ 为第 i 次迭代得到的 δ 的估计值，初始值 $\hat{\delta}^{(1)}$ 根据式（3.10）估计得出：

$$\Delta y_t = \delta y_{t-1}^2 + \varepsilon_t \tag{3.11}$$

其中，$\varepsilon_t \sim i.i.d. N(0,1)$。通过 OLS 估计可以得到：

$$\hat{\delta}^{(1)} = \sum_{t=1}^{T} y_{t-1}^2 \varepsilon_t \bigg/ \sum_{t=1}^{T} y_{t-1}^4 \tag{3.12}$$

由于：

$$\frac{1}{T^2} \sum_{t=1}^{T} y_{t-1}^2 \varepsilon_t \xrightarrow{d} \sigma^3 \left[\frac{1}{3} W(1)^3 - 1 \right] \tag{3.13}$$

$$\frac{1}{T^4} \sum_{t=1}^{T} y_{t-1}^4 \xrightarrow{d} \sigma^4 \int_0^1 W(r)^4 dr \tag{3.14}$$

根据连续映射定理，可以得到：

$$T^2 \hat{\delta}^{(1)} = \frac{\frac{1}{T^2} \sum_{t=1}^{T} y_{t-1}^2 \varepsilon_t}{\frac{1}{T^4} \sum_{t=1}^{T} y_{t-1}^4} \xrightarrow{d} \frac{\left[\frac{1}{3} W(1)^3 - 1 \right]}{\sigma \int_0^1 W(r)^4 dr} \tag{3.15}$$

借鉴凌仕卿和李伟强（Ling and Li, 2003）的研究：

$$T^2\hat{\delta}_{ML} = T^2\hat{\delta}^{(1)} - \Big[\frac{1}{T^4}\sum_{t=1}^{T}\frac{\partial^2 l_t}{\partial\delta^2}\Big]^{-1}\Big[\frac{1}{T^2}\sum_{t=1}^{T}\frac{\partial l_t}{\partial\delta}\Big] + o_p(1) \qquad (3.16)$$

结合式（3.15）可以得到：

$$T^2\hat{\delta}_{ML} = -\Big[\frac{1}{T^4}\sum_{t=1}^{T}\frac{\partial^2 l_t}{\partial\delta^2}\Big]^{-1}\Big[\frac{1}{T^2}\sum_{t=1}^{T}\frac{\partial l_t}{\partial\delta}\Big] + o_p(1) \qquad (3.17)$$

结合式（3.13）、式（3.14）可以得到似然函数的一阶以及二阶导数：

$$\frac{\partial l_t}{\partial\delta} = \frac{y_{t-1}^2\varepsilon_t}{h_t} - \frac{\alpha}{h_t}\Big(\frac{\varepsilon_t^2}{h_t} - 1\Big)\Big(\sum_{i=1}^{t-1}\beta^{i-1}y_{t-i-1}^2\varepsilon_{t-i}\Big) \qquad (3.18)$$

$$\frac{\partial^2 l_t}{\partial\delta^2} = -\frac{y_{t-1}^4}{h_t} - \frac{2\alpha^2\varepsilon_t^2}{h_t^3}\Big(\sum_{i=1}^{t-1}\beta^{i-1}y_{t-i-1}^2\varepsilon_{t-i}\Big)^2 + \Big(\frac{\varepsilon_t^2}{h_t} - 1\Big)\frac{\partial}{\partial\delta}\Big(\frac{1}{2h_t}\frac{\partial h}{\partial\delta}\Big) +$$

$$\frac{2\alpha\varepsilon_t y_{t-1}^2}{h_t^2}\Big(\sum_{i=1}^{t-1}\beta^{i-1}y_{t-i-1}^2\varepsilon_{t-i}\Big) \qquad (3.19)$$

在关于一阶自回归模型框架下单位根检验问题的讨论中，潘图拉（Pantula, 1989）、凌仕卿等（Ling et al., 2003）均指出，无论残差项是独立同分布还是 GARCH 过程，ADF 统计量的渐近分布是相同的。也即式（3.8）与式（3.9）成立时，依然有：

$$\frac{1}{T}\sum_{t=1}^{T}y_{t-1}\varepsilon_t \xrightarrow{d} \sigma^2\int_0^1 W(r)^2 dW(r) \qquad (3.20)$$

$$\frac{1}{T^2}\sum_{t=1}^{T}y_{t-1}^2 \xrightarrow{d} \sigma^2\int_0^1 W(r)^2 dr \qquad (3.21)$$

同样，在刘雪燕和张晓峒（2009）提出的检验 LSTAR 过程下时间序列是否存在单位根的检验统计量 t_{LS} 中，残差项服从 GARCH 过程时，这一统计量的渐近分布不会发生变化。也即式（3.7）与式（3.8）成立时，依然有：

$$\frac{1}{T^2}\sum_{t=1}^{T}y_{t-1}^2\varepsilon_t \xrightarrow{d} \sigma^3\Big[\frac{1}{3}W(1)^3 - 1\Big] \qquad (3.22)$$

$$\frac{1}{T^4}\sum_{t=1}^{T}y_{t-1}^4 \xrightarrow{d} \sigma^4\int_0^1 W(r)^4 dr \qquad (3.23)$$

定义 $r_{t,i} = \sum_{r=1}^{i}\varepsilon_{t-r}$，则 $y_{t-i-1} = y_{t-1} - r_{t,i}$，经推导可得：

$$\frac{1}{T^2}\sum_{t=1}^{T}\frac{\partial l_t}{\partial \delta}\xrightarrow{d}\int_0^1 w_1(r)^2 \mathrm{d}w_2(r) \qquad (3.24)$$

$$-\frac{1}{T^4}\sum_{t=1}^{T}\frac{\partial^2 l_t}{\partial \delta^2}\xrightarrow{d}\sigma^4 F\int_0^1 W(r)^4 \mathrm{d}r \qquad (3.25)$$

其中，$(w_1(r),w_2(r))$ 是二元布朗运动，方差协方差矩阵为：

$$r\begin{pmatrix} Eh_t & 1 \\ 1 & F \end{pmatrix},\ F = E(1/h_t) + 2\alpha^2\sum_{i=1}^{\infty}\beta^{2(i-1)}E(\varepsilon_{t-k}^2/h_t^2)$$

由于 $\sigma^2 = Eh_t$，令：

$$W_1(r) = \frac{1}{\sigma}w_1(r)$$

$$W_2(r) = -\frac{1}{\sigma^2}\sqrt{\frac{\sigma^2}{\sigma^2 F - 1}}w_1(r) + \sqrt{\frac{\sigma^2}{\sigma^2 F - 1}}w_2(r)$$

在此基础上经推导可以得到式（3.26）：

$$LG\xrightarrow{d}\frac{\displaystyle\int_0^1 W_1^2(r)\mathrm{d}W_1(r) + \sqrt{\sigma^2 F - 1}\int_0^1 W_1^2(r)\mathrm{d}W_2(r)}{\displaystyle\sigma^2 F\sqrt{\int_0^1 W(r)^4 \mathrm{d}r}} \qquad (3.26)$$

与菲利普斯等（Phillips et al.，2011）的思路类似，首先，基于研究的 T 个样本值，利用 $[r_0 T]$ 个样本对式（3.1）进行估计，其中，$r_0 \in [0, 1]$，根据估计的参数值得到检验统计量。AR 模型下的检验统计量为 ADF 统计量，令 LSTAR – GARCH 模型下的检验统计量分别为 LG。然后固定回归起始点，逐渐拓展样本期间，通过增加样本量对式（3.1）进行回归得到对应的检验统计量，根据形成的 $T - r_0 T + 1$ 个检验统计量的序列，定义其上确界为相应的检验统计量：

$$SLG(r_0) = \sup_{r_2\in[r_0,1]}LG_0^{r_2}$$

与菲利普斯等（Phillips et al.，2011）提出的 SADF 检验类似，SLG 检验是右尾单侧检验。构建的零假设为单位根过程；备择假设为爆炸根过程。零假设和备择假设分别对应不存在泡沫和存在泡沫的情况。

得到 LG 统计量的渐近分布之后，借助连续映射定理，可以得到单个和多个泡沫存在时检验统计量的渐近分布形式：

$$SLG(r_0) \xrightarrow{d} \sup_{r_2 \in [r_0,1]} \frac{\int_0^1 W_1^2(r)\,\mathrm{d}W_1(r) + \sqrt{\sigma^2 F - 1}\int_0^1 W_1^2(r)\,\mathrm{d}W_2(r)}{\sigma^2 F \sqrt{\int_0^1 W(r)^4\,\mathrm{d}r}}$$

$$(3.27)$$

3.1.3 识别效果的蒙特卡洛模拟分析

进一步进行蒙特卡洛模拟分析，得到不同概率水平下不存在资产价格泡沫时的临界值，通过比较 SLS 统计量与 SLG 统计量的真实值与临界值差异来判断是否存在资产价格泡沫。同时，将本书提出的检验方法与 SADF 检验进行比较，力图能够更准确地检验是否存在资产价格泡沫。

首先，利用蒙特卡洛方法来模拟统计量的临界值，针对 SLS 检验设定零假设成立时的真实数据生成过程为：

$$y_t = y_{t-1} + \varepsilon_t, \quad \varepsilon_t \sim i.i.d.\ N(0,1)$$

针对 SLG 检验设定零假设成立时的真实数据生成过程为：

$$y_t = y_{t-1} + \varepsilon_t, \quad \varepsilon_t = \eta_t \sqrt{h_t}, \quad h_t = \omega + \alpha \varepsilon_{t-1}^2 + \beta h_{t-1}, \quad \eta_t \sim i.i.d.\ N(0,1)$$

其中，$(\omega, \alpha, \beta) = (0.1, 0.2, 0.7)$，$(0.1, 0.3, 0.6)$，$(0.1, 0.4, 0.5)$，分别对应为情形1、情形2、情形3。三种情形下 α 值逐渐增大，说明数据的厚尾特征越明显。设定样本容量为500，模拟次数为2000，得到的 SLS 统计量与 SLG 统计量的渐近临界值如表3.1和表3.2所示。

表 3.1　　　　　　　　　　SLS 统计量的渐近临界值

检验统计量	SLS		
显著性水平（%）	1	5	10
临界值	0.02	0.43	0.62

表 3.2　　　　　　　　　　SLG 统计量的渐近临界值

检验统计量	SLG			SLS		
显著性水平（%）	1	5	10	1	5	10
情形1	0.12	0.58	0.80	− 0.14	0.47	0.67
情形2	0.14	0.48	0.75	0.14	0.55	0.72
情形3	0.15	0.65	0.91	− 0.05	0.54	0.80

为评价 SLS 检验的功效，将备择假设成立时的数据生成过程设定为

LSTAR 模型：

$$\Delta y_t = \theta y_{t-1} \left[\left(1 + \exp(-\gamma y_{t-1}) \right)^{-1} - 1/2 \right] + \varepsilon_t$$

其中，$\varepsilon_t \sim i.i.d. N(0,1)$。在样本容量分别为 50、100 以及 200 的三种状态下比较 SLS 检验、SLG 检验与 SADF 检验的功效，本书设定名义检验水平为 5%；模拟次数为 2000；$\theta = \{0.01, 0.05, 0.1\}$；$\gamma = \{0.01, 0.1, 1\}$。具体对比如表 3.3 所示。

表 3.3　　　LSTAR 模型时 SLS 检验与 SADF 检验的检验功效比较

	$\gamma = 1$		$\gamma = 0.1$		$\gamma = 0.01$	
	SLS	SADF	SLS	SADF	SLS	SADF
$\theta = 0.1$						
T = 50	0.94	0.32	0.84	0.18	0.76	0.26
T = 100	0.96	0.69	0.94	0.39	0.87	0.30
T = 200	1.00	0.93	0.99	0.63	0.98	0.46
$\theta = 0.05$						
T = 50	0.94	0.28	0.86	0.24	0.72	0.14
T = 100	0.93	0.55	0.95	0.40	0.86	0.21
T = 200	1.00	0.79	0.99	0.55	0.95	0.36
$\theta = 0.01$						
T = 50	0.78	0.24	0.76	0.16	0.76	0.20
T = 100	0.89	0.37	0.86	0.28	0.89	0.29
T = 200	0.99	0.35	0.96	0.39	0.92	0.43

由表 3.3 可以看出，在有限样本下，资产价格波动存在非线性 LSTAR 特征时，本研究提出的 SLS 检验的检验功效显著高于菲利普斯等（Phillips et al. , 2011）提出的 SADF 检验。在 γ 相同的前提下，θ 越小，SLS 检验相对 SADF 检验优势越明显。例如，表 3.3 中，样本观测值为 100 时，将 γ 值确定为 1，$\theta = 0.1$ 时，SLS 检验与 SADF 检验的检验功效分别为 0.96、0.69；$\theta = 0.05$ 时，SLS 检验与 SADF 检验的检验功效分别为 0.93、0.55；$\theta = 0.01$ 时，SLS 检验与 SADF 检验的检验功效分别为 0.89、0.37。当 θ 确定时，γ 越小，SLS 检验相对 SADF 检验优势越明显。例如，样本观测值为 50 时，将 θ 值确定为 0.05，$\gamma = 1$ 时，SLS 检验与 SADF 检验的检验功效分别为 0.94、0.28；$\gamma = 0.1$ 时，SLS 检验与 SADF 检验的检验功效分别为 0.86、0.24；$\gamma = 0.01$ 时，SLS 检验与 SADF 检验的检验功效分别为 0.72、0.14，

SADF 检验的检验功效进一步下降，SLS 检验的检验功效更加明显。

其次，将备择假设成立时的数据生成过程设定为 LSTAR – GARCH 模型：

$$\Delta y_t = \theta y_{t-1} \big[(1 + \exp(-\gamma y_{t-1}))^{-1} - 1/2 \big] + \varepsilon_t,$$

$$\varepsilon_t = \eta_t \sqrt{h_t}, \ h_t = \omega + \alpha \varepsilon_{t-1}^2 + \beta h_{t-1}$$

其中，$\eta_t \sim i.i.d.\ N(0,1)$。分别考察情形 1、情形 2、情形 3 三种情况下，样本容量分别为 50、100 以及 200 的三种状态比较 SLG 检验与 SADF 检验的功效，设定名义检验水平为 5%；模拟次数为 2000；$\theta = \{0.01, 0.05, 0.1\}$；$\gamma = \{0.01, 0.1, 1\}$。具体对比如表 3.4 所示。

表 3.4   SLG 检验与 SADF 检验的检验功效比较

	$\gamma = 1$		$\gamma = 0.1$		$\gamma = 0.01$	
	SLG	SADF	SLG	SADF	SLG	SADF
（a）情形 1						
$\theta = 0.1$						
T = 50	0.96	0.46	0.98	0.42	0.90	0.28
T = 100	1.00	0.72	0.97	0.59	0.94	0.50
T = 200	1.00	0.95	0.99	0.71	0.97	0.50
$\theta = 0.05$						
T = 50	0.94	0.34	0.82	0.28	0.88	0.20
T = 100	0.97	0.66	0.96	0.34	0.95	0.45
T = 200	1.00	0.79	0.99	0.62	0.99	0.47
$\theta = 0.01$						
T = 50	0.78	0.40	0.76	0.44	0.78	0.34
T = 100	0.95	0.35	0.90	0.35	0.93	0.39
T = 200	0.97	0.54	0.98	0.45	0.99	0.49
（b）情形 2						
$\theta = 0.1$						
T = 50	0.98	0.64	0.92	0.16	0.76	0.28
T = 100	0.98	0.69	0.96	0.49	0.94	0.33
T = 200	1.00	0.95	1.00	0.73	0.99	0.51
$\theta = 0.05$						
T = 50	0.88	0.42	0.84	0.30	0.92	0.34
T = 100	0.99	0.55	0.98	0.38	0.90	0.41
T = 200	1.00	0.76	0.98	0.63	0.99	0.43

	$\gamma = 1$		$\gamma = 0.1$		$\gamma = 0.01$	
	SLG	SADF	SLG	SADF	SLG	SADF
$\theta = 0.01$						
T = 50	0.88	0.26	0.76	0.44	0.84	0.36
T = 100	0.93	0.42	0.94	0.35	0.95	0.30
T = 200	0.98	0.56	0.97	0.56	0.98	0.44
（c）情形 3						
$\theta = 0.1$						
T = 50	0.96	0.38	0.88	0.36	0.80	0.24
T = 100	1.00	0.74	0.97	0.47	0.90	0.43
T = 200	1.00	0.93	0.99	0.64	0.98	0.61
$\theta = 0.05$						
T = 50	0.94	0.38	0.82	0.28	0.84	0.28
T = 100	1.00	0.52	0.92	0.52	0.93	0.43
T = 200	1.00	0.80	0.99	0.62	0.98	0.51
$\theta = 0.01$						
T = 50	0.82	0.26	0.74	0.18	0.88	0.32
T = 100	0.90	0.38	0.85	0.40	0.85	0.45
T = 200	0.98	0.55	0.95	0.47	0.92	0.49

由表 3.4 可以看出，在有限样本下，资产价格波动存在非线性 LSTAR - GARCH 特征时，本书提出的 SLG 检验的检验功效显著高于菲利普斯等 (Phillips et al.，2011) 提出的 SADF 检验。

在 γ 相同的前提下，θ 越小，SLG 检验相对 SADF 检验优势越明显。例如，表 3.4（a）中，样本观测值为 100 时，将 γ 值确定为 0.01，$\theta = 0.1$ 时，SLG 检验与 SADF 检验的检验功效分别为 0.94、0.50；$\theta = 0.05$ 时，SLG 检验与 SADF 检验的检验功效分别为 0.95、0.45；$\theta = 0.01$ 时，SLG 检验与 SADF 检验的检验功效分别为 0.93、0.39。当 θ 确定时，γ 越小，SLG 检验相对 SADF 检验优势越明显。例如，表 3.4（b）中，样本观测值为 100 时，将 θ 值确定为 0.1，$\gamma = 1$ 时，SLG 检验与 SADF 检验的检验功效分别为 0.98、0.69；$\gamma = 0.1$ 时，SLG 检验与 SADF 检验的检验功效分别为 0.96、0.49；$\gamma = 0.01$ 时，SLG 检验与 SADF 检验的检验功效分别为 0.94、0.33。同时，综合比较表 3.4（a）、（b）、（c）可以发现，在资产价格厚尾特征加剧的情形下，上述特征依然成立，SLG 检验的检验功效仍显著高于 SADF 检验。

3.2 ESTAR – GARCH 模型框架下
资产价格泡沫的识别方法

3.2.1 ESTAR – GARCH 模型的爆炸根条件

考虑一阶 ESTAR – GARCH 模型：

$$y_t = \varphi y_{t-1} + \theta y_{t-1}[1 - \exp(-\gamma y_{t-d}^2)] + \varepsilon_t \qquad (3.28)$$

也可表示为：

$$\Delta y_t = \phi y_{t-1} + \theta y_{t-1}[1 - \exp(-\gamma y_{t-d}^2)] + \varepsilon_t \qquad (3.29)$$

$$\varepsilon_t = \eta_t \sqrt{h_t} \qquad (3.30)$$

$$h_t = \omega + \alpha \varepsilon_{t-1}^2 + \beta h_{t-1} \qquad (3.31)$$

其中，$\eta_t \sim i.i.d(0,1)$，$\gamma > 0$，为转移速度系数，y_{t-d} 为转移变量 $\phi = \varphi - 1$，φ，θ，ϕ，α 以及 β 为待估参数，为保证估计参数的一致性与渐近正态性，需假定 $\alpha + \beta < 1$，$\omega > 0$，$\alpha \geqslant 0$，$\beta \geqslant 0$。另外，d 为延迟参数，一般情形下 $d \geqslant 1$，取延迟参数 $d = 1$，得到 ESTAR – GARCH 模型：

$$\Delta y_t = \theta y_{t-1}[1 - \exp(-\gamma y_{t-d}^2)] + \varepsilon_t \qquad (3.32)$$

$$h_t = \omega + \alpha \varepsilon_{t-1}^2 + \beta h_{t-1} \varepsilon_t = \eta_t \sqrt{h_t} \qquad (3.33)$$

借鉴卡佩塔尼奥斯等（Kapetanios et al.，2003）关于 ESTAR 模型平稳性的定义，以及邓伟和唐齐鸣（2013）、陈等（Chan et al.，2015）的研究，上述 ESTAR – GARCH 模型的平稳性条件是 $\gamma > 0$，$|\varphi + \theta| < 1$ 或者 $-2 < \phi + \theta < 0$。相应地，在进行 ESTAR – GARCH 模型的单位根检验时，检验的零假设为 $H_0: \gamma = 0$；备择假设为：$H_1: \gamma > 0$。

卡佩塔尼奥斯等（Kapetanios et al.，2003）提出的单位根检验方法较标准的线性 ADF 检验更能准确地推断 ESTAR 模型的平稳性，实际上，在 $\phi = 0$ 的前提下，ESTAR 模型以及 ESTAR – GARCH 模型的平稳性条件是 $\gamma > 0$，$-2 < \theta < 0$，对应地，进行单位根检验时，零假设等同于 $H_0: \gamma\theta = 0$；备择假设为：$H_1: \gamma\theta < 0$。这一条件同样适用于 ESTAR – GARCH 模型。进一步结合菲利普斯等（Phillips et al.，2011）讨论线性 AR 模型条件下

泡沫检验方法时所指出，时间序列除表现为平稳和单位根过程时，还会呈现爆炸根特征，对应地，ESTAR – GARCH 模型的爆炸根条件为：$\gamma > 0$，$\theta \notin [-2, 0]$。

3.2.2 爆炸根检验统计量的渐近分布

在由于爆炸根条件满足时，基于 ESTAR – GARCH 模型的时间序列会呈现泡沫特征，而菲利普斯等（Phillips et al.，2011）提出的 SADF 检验主要基于线性 AR 模型。与时间序列平稳性检验的思路类似，卡佩塔尼奥斯等（Kapetanios et al.，2003）考察了时间序列存在的非线性 ESTAR 特征，对线性 AR 模型下的 ADF 检验进行了改进；邓伟和唐齐鸣（2013）讨论了 ESTAR 模型下的爆炸根检验方法。考虑到大部分资产价格序列不仅均值方程存在非线性特征，方差方程也会存在波动集群特征，本研究进一步考察了时间序列均值方程和方差方程同时存在非线性特征的 ESTAR – GARCH 模型下的爆炸根检验方法，比较其与 SADF 检验的检验功效，以期更准确地推断是否存在资产价格泡沫。

具体地，构建零假设：H_0：$\gamma\theta = 0$；备择假设：H_1：$\gamma\theta \neq 0$。由于零假设下 θ 不可识别，借鉴卢科宁等（Luukkonen et al.，1988）的做法，利用泰勒展开近似的方法，在此基础上构建检验统计量。将零假设下的 ESTAR – GARCH 模型进行一阶泰勒展开，得到辅助回归式：

$$\Delta y_t = \delta y_{t-1}^3 + error \tag{3.34}$$

其中，$\delta = \gamma\theta/4$，原假设 $\gamma\theta = 0$ 等同于 $\delta = 0$，备择假设 H_1：$\gamma > 0$，$\theta \notin [-2, 0]$ 等同于 $\delta \neq 0$。因此，构建的爆炸根条件的检验转化为对式（3.34）中 δ 是否等于零的 t 检验，进而构建检验统计量：$EG = \hat{\delta}/s.e.(\hat{\delta})$，用以检验 $\delta = 0$ 或者 $\delta \neq 0$。

这一检验统计量的形式与卡佩塔尼奥斯等（Kapetanios et al.，2003）提出的检验 ESTAR 过程下时间序列是否存在单位根的检验统计量 t_{ES} 的形式一致。不同的是，t_{ES} 检验是单侧检验，$\hat{\delta}$ 是 δ 的 LS 估计量，$s.e.(\hat{\delta})$ 是 $\hat{\delta}$ 的标准差。而本书讨论的 EG 检验放松了卡佩塔尼奥斯等（Kapetanios et al.，2003）分析单位根检验问题时关于误差项遵循白噪声过程的假定，误差项不再服从独立同分布，而是一个 GARCH（1，1）过程，$\hat{\delta}$ 需借助极大似然估计得到。

借鉴 SADF 检验的思路，针对样本观测值为 T 的资产价格序列，首先

利用基于前 $[r_0T]$ 个样本值估计 ESTAR – GARCH 模型；之后拓展样本区间进行递归估计，得到 $[T - r_0T + 1]$ 个 EG 统计量；继而构建基于 ES-TAR – GARCH 模型的泡沫检验统计量：$SEG = \sup\limits_{r_1 \in [r_0T, T]} EG_t$。

在零假设成立的前提下推导 SEG 检验的极限分布，利用极大似然估计方法对下式进行估计：

$$\Delta y_t = \delta y_{t-1}^3 + \varepsilon_t \tag{3.35}$$

$$\varepsilon_t = \eta_t \sqrt{h_t} \tag{3.36}$$

$$h_t = \omega + \alpha \varepsilon_{t-1}^2 + \beta h_{t-1} \tag{3.37}$$

其中，$\eta_t \sim i.i.d. N(0,1)$。令需要估计的参数为 $x = (\delta, \lambda')'$，其中，$\lambda = (\omega, \alpha, \beta)'$，极大似然估计量为 $\hat{x} = (\hat{\delta}, \hat{\lambda}')'$，$\hat{\lambda} = (\hat{\omega}, \hat{\alpha}, \hat{\beta})'$，该估计量的得到，需要最大化对数似然函数：

$$L = \frac{1}{T} \sum_{t=1}^{T} l_t \tag{3.38}$$

其中，$l_t = -\frac{1}{2}\ln h_t - \frac{\varepsilon_t^2}{2h_t}$，由于似然方程 $\partial l_t / \partial \theta = 0$ 关于 θ 非线性，需要利用数值迭代程序得到方程的解，根据凌仕卿和李伟强（Ling and Li, 2003）以及陈等（Chan et al., 2015）的分析，δ 和 λ 可以分别估计，同时不失其有效性，具体地，δ 的估计值可由 Newton-Raphson 迭代算法得到：

$$\hat{\delta}^{(i+1)} = \hat{\delta}^{(i)} - \Big[\sum_{t=1}^{T} \frac{\partial^2 l_t}{\partial \delta^2} \Big]_{\hat{\delta}^{(i)}}^{-1} \Big[\sum_{t=1}^{T} \frac{\partial l_t}{\partial \delta} \Big]_{\hat{\delta}^{(i)}} \tag{3.39}$$

$\hat{\delta}^{(i)}$ 为第 i 次迭代得到的 δ 的估计值，初始值 $\hat{\delta}^{(1)}$ 根据式（3.40）估计得出：

$$\Delta y_t = \delta y_{t-1}^3 + \varepsilon_t \tag{3.40}$$

其中，$\varepsilon_t \sim i.i.d. N(0,1)$。通过最小二乘估计可以得到：

$$\hat{\delta}^{(1)} = \sum_{t=1}^{T} y_{t-1}^2 \varepsilon_t \Big/ \sum_{t=1}^{T} y_{t-1}^4 \tag{3.41}$$

根据卡佩塔尼奥斯等（Kapetanios et al., 2003）的研究：

$$\frac{1}{T^2} \sum_{t=1}^{T} y_{t-1}^3 \varepsilon_t \xrightarrow{d} \sigma^4 \Big[\frac{1}{4} W(1)^4 - \frac{3}{2} \int_0^1 W(r)^2 dr \Big] \tag{3.42}$$

$$\frac{1}{T^4} \sum_{t=1}^{T} y_{t-1}^6 \xrightarrow{d} \sigma^6 \int_0^1 W(r)^6 dr \tag{3.43}$$

结合连续映射定理，可以得到：

$$T^2 \hat{\delta}^{(1)} = \frac{\frac{1}{T^2} \sum_{t=1}^{T} y_{t-1}^3 \varepsilon_t}{\frac{1}{T^4} \sum_{t=1}^{T} y_{t-1}^6} \xrightarrow{d} \frac{\frac{1}{4} W(1)^4 - \frac{3}{2} \int_0^1 W(r)^2 \mathrm{d}r}{\sigma^2 \int_0^1 W(r)^6 \mathrm{d}r} \qquad (3.44)$$

根据凌仕卿和李伟强（Ling and Li，2003）的分析：

$$T^2 \hat{\delta}_{ML} = T^2 \hat{\delta}^{(1)} - \left[\frac{1}{T^4} \sum_{t=1}^{T} \frac{\partial^2 l_t}{\partial \delta^2} \right]^{-1} \left[\frac{1}{T^2} \sum_{t=1}^{T} \frac{\partial l_t}{\partial \delta} \right] + o_p(1) \qquad (3.45)$$

结合式（3.39）可以得到：

$$T^2 \hat{\delta}_{ML} = - \left[\frac{1}{T^4} \sum_{t=1}^{T} \frac{\partial^2 l_t}{\partial \delta^2} \right]^{-1} \left[\frac{1}{T^2} \sum_{t=1}^{T} \frac{\partial l_t}{\partial \delta} \right] + o_p(1) \qquad (3.46)$$

综合式（3.36）、式（3.37）得到似然函数的一阶以及二阶导数：

$$\frac{\partial l_t}{\partial \delta} = \frac{y_{t-1}^3 \varepsilon_t}{h_t} - \frac{\alpha}{h_t} \left(\frac{\varepsilon_t^2}{h_t} - 1 \right) \left(\sum_{i=1}^{t-1} \beta^{i-1} y_{t-i-1}^3 \varepsilon_{t-i} \right) \qquad (3.47)$$

$$\frac{\partial^2 l_t}{\partial \delta^2} = - \frac{y_{t-1}^6}{h_t} - \frac{2\alpha^2 \varepsilon_t^2}{h_t^3} \left(\sum_{i=1}^{t-1} \beta^{i-1} y_{t-i-1}^3 \varepsilon_{t-i} \right)^2 + \left(\frac{\varepsilon_t^2}{h_t} - 1 \right) \frac{\partial}{\partial \delta} \left(\frac{1}{2h_t} \frac{\partial h}{\partial \delta} \right) +$$

$$\frac{2\alpha \varepsilon_t y_{t-1}^3}{h_t^2} \left(\sum_{i=1}^{t-1} \beta^{i-1} y_{t-i-1}^3 \varepsilon_{t-i} \right) \qquad (3.48)$$

在关于一阶自回归模型单位根问题的讨论中，潘图拉（Pantula，1989）、凌仕卿等（Ling et al.，2003）均指出，无论残差项是独立同分布还是 GARCH 过程，ADF 统计量的渐近分布相同，进而在 ESTAR – GARCH 模型中依然有：

$$\frac{1}{T} \sum_{t=1}^{T} y_{t-1} \varepsilon_t \xrightarrow{d} \sigma^2 \int_0^1 W(r)^2 \mathrm{d}W(r) \qquad (3.49)$$

$$\frac{1}{T^2} \sum_{t=1}^{T} y_{t-1}^2 \xrightarrow{d} \sigma^2 \int_0^1 W(r)^2 \mathrm{d}r \qquad (3.50)$$

即：$\sum_{t=1}^{T} y_{t-1} \varepsilon_t = O_P(T)$，$\sum_{t=1}^{T} y_{t-1}^2 = O_P(T^2)$。同样，卡佩塔尼奥斯等（Kapetanios et al.，2003）在推导出 t_{ES} 统计量的渐近分布后也指出，当残差项是 GARCH 过程时，这一统计量的渐近分布不会发生变化，即：

$$\frac{1}{T^2} \sum_{t=1}^{T} y_{t-1}^3 \varepsilon_t \xrightarrow{d} \sigma^4 \left[\frac{1}{4} W(1)^4 - \frac{3}{2} \int_0^1 W(r)^2 \mathrm{d}r \right] \qquad (3.51)$$

$$\frac{1}{T^4}\sum_{t=1}^{T}y_{t-1}^{6}\ \xrightarrow{\ d\ }\ \sigma^6\int_{0}^{1}W(r)^6\mathrm{d}r \tag{3.52}$$

定义 $r_{t,i}=\sum_{r=1}^{i}\varepsilon_{t-r}$，则 $y_{t-i-1}=y_{t-1}-r_{t,i}$，推导可得：

$$\frac{1}{T^2}\sum_{t=1}^{T}\frac{\partial l_t}{\partial\delta}=\frac{1}{T^2}\sum_{t=1}^{T}\Big[\frac{\varepsilon_t}{h_t}-\frac{\alpha}{h_t}\Big(\frac{\varepsilon_t^2}{h_t}-1\Big)\Big(\sum_{i=1}^{t-1}\beta^{i-1}\varepsilon_{t-i}\Big)\Big]y_{t-1}^3+$$

$$\frac{3\alpha}{T^2}\sum_{t=1}^{T}\Big[\frac{1}{h_t}\Big(\frac{\varepsilon_t^2}{h_t}-1\Big)\Big(\sum_{i=1}^{t-1}\beta^{i-1}r_{t,i}\varepsilon_{t-i}\Big)\Big]y_{t-1}^2$$

$$-\frac{3\alpha}{T^2}\sum_{t=1}^{T}\Big[\frac{1}{h_t}\Big(\frac{\varepsilon_t^2}{h_t}-1\Big)\Big(\sum_{i=1}^{t-1}\beta^{i-1}r_{t,i}^2\varepsilon_{t-i}\Big)\Big]y_{t-1}+$$

$$\frac{\alpha}{T^2}\sum_{t=1}^{T}\frac{1}{h_t}\Big(\frac{\varepsilon_t^2}{h_t}-1\Big)\Big(\sum_{i=1}^{t-1}\beta^{i-1}r_{t,i}^3\varepsilon_{t-i}\Big) \tag{3.53}$$

根据凌仕卿和李伟强（Ling and Li，2003）一文中的引理4.2以及引理4.8：

$$\frac{1}{T^2}\sum_{t=1}^{T}\Big[\frac{\varepsilon_t}{h_t}-\frac{\alpha}{h_t}\Big(\frac{\varepsilon_t^2}{h_t}-1\Big)\sum_{i=1}^{t-1}\beta^{i-1}\varepsilon_{t-i}\Big]y_{t-1}^3$$

$$=\frac{1}{\sqrt{T}}\sum_{t=1}^{T}\Big[\frac{\varepsilon_t}{h_t}-\frac{\alpha}{h_t}\Big(\frac{\varepsilon_t^2}{h_t}-1\Big)\sum_{i=1}^{t-1}\beta^{i-1}\varepsilon_{t-i}\Big]\Big(\frac{y_{t-1}}{\sqrt{T}}\Big)^3\ \xrightarrow{\ d\ }\ \int_{0}^{1}w_1(r)^3\mathrm{d}w_2(r)$$

$$\tag{3.54}$$

其中，$(w_1(r),w_2(r))$，是二元布朗运动，方差协方差矩阵为：

$$r\begin{pmatrix}Eh_t & 1\\ 1 & F\end{pmatrix}$$

$$F=E(1/h_t)+2\alpha^2\sum_{i=1}^{\infty}\beta^{2(i-1)}E(\varepsilon_{t-k}^2/h_t^2)$$

借鉴凌仕卿和李伟强（Ling and Li，2003）一文中的引理4.3（1）（b）以及引理4.8的推导思路，可得到：

$$E\Big[\frac{1}{h_t}\Big(\frac{\varepsilon_t^2}{h_t}-1\Big)\Big(\sum_{i=1}^{t-1}\beta^{i-1}r_{t,i}\varepsilon_{t-i}\Big)y_{t-1}^2\Big]\leqslant O(T) \tag{3.55}$$

$$E\Big[\frac{1}{h_t}\Big(\frac{\varepsilon_t^2}{h_t}-1\Big)\Big(\sum_{i=1}^{t-1}\beta^{i-1}r_{t,i}^2\varepsilon_{t-i}\Big)y_{t-1}\Big]\leqslant O(\sqrt{T}) \tag{3.56}$$

$$E\Big[\frac{1}{h_t}\Big(\frac{\varepsilon_t^2}{h_t}-1\Big)\Big(\sum_{i=1}^{t-1}\beta^{i-1}r_{t,i}^3\varepsilon_{t-i}\Big)\Big]\leqslant O(1) \tag{3.57}$$

综合式（3.53）～式（3.57）可推导出：

$$\frac{1}{T^2}\sum_{t=1}^{T}\frac{\partial l_t}{\partial \delta} = \frac{1}{T^2}\sum_{t=1}^{T}\left[\frac{\varepsilon_t}{h_t} - \frac{\alpha}{h_t}\left(\frac{\varepsilon_t^2}{h_t} - 1\right)\sum_{i=1}^{t-1}\beta^{i-1}\varepsilon_{t-i}\right]y_{t-1}^3 + o_p(1)$$

$$\xrightarrow{d} \int_0^1 w_1(r)^3 \mathrm{d}w_2(r) \tag{3.58}$$

而由于：

$$\frac{\partial^2 l_t}{\partial \delta^2} = \frac{y_{t-1}^6}{h_t} - \frac{2\alpha^2\varepsilon_t^2}{h_t^3}\left(\sum_{i=1}^{t-1}\beta^{i-1}y_{t-i-1}^3\varepsilon_{t-i}\right)^2 + \left(\frac{\varepsilon_t^2}{h_t} - 1\right)\frac{\partial}{\partial \delta}\left(\frac{1}{2h_t}\frac{\partial h}{\partial \delta}\right) +$$

$$\frac{2\alpha\varepsilon_t y_{t-1}^3}{h_t^2}\left(\sum_{i=1}^{t-1}\beta^{i-1}y_{t-i-1}^3\varepsilon_{t-i}\right) \tag{3.59}$$

根据凌仕卿和李伟强（Ling and Li，2003）的引理4.3（1）（b）以及引理4.8，可推导出：

$$E\left[\frac{\varepsilon_t^2}{h_t^3}y_{t-1}^5\left(\sum_{i=1}^{t-1}\beta^{i-1}\varepsilon_{t-i}\right)\left(\sum_{i=1}^{t-1}\beta^{i-1}r_{t,i}\varepsilon_{t-i}\right)\right] \leqslant O(T^{\frac{5}{2}}) \tag{3.60}$$

$$E\left\{\frac{\varepsilon_t^2}{h_t^3}y_{t-1}^4\left[6\left(\sum_{i=1}^{t-1}\beta^{i-1}\varepsilon_{t-i}\right)\left(\sum_{i=1}^{t-1}\beta^{i-1}r_{t,i}^2\varepsilon_{t-i}\right) + 9\left(\sum_{i=1}^{t-1}\beta^{i-1}r_{t,i}\varepsilon_{t-i}\right)^2\right]\right\} \leqslant O(T^2)$$

$$\tag{3.61}$$

$$E\left\{y_{t-1}^3\left[2\left(\sum_{i=1}^{t-1}\beta^{i-1}\varepsilon_{t-i}\right)\left(\sum_{i=1}^{t-1}\beta^{i-1}r_{t,i}^3\varepsilon_{t-i}\right) + \right.\right.$$

$$\left.\left. 18\left(\sum_{i=1}^{t-1}\beta^{i-1}r_{t,i}\varepsilon_{t-i}\right)\left(\sum_{i=1}^{t-1}\beta^{i-1}r_{t,i}^2\varepsilon_{t-i}\right)\right]\right\} \leqslant O(T^{\frac{3}{2}}) \tag{3.62}$$

$$E\left\{y_{t-1}^2\left[6\left(\sum_{i=1}^{t-1}\beta^{i-1}r_{t,i}^3\varepsilon_{t-i}\right)\left(\sum_{i=1}^{t-1}\beta^{i-1}r_{t,i}\varepsilon_{t-i}\right) + 9\left(\sum_{i=1}^{t-1}\beta^{i-1}r_{t,i}^2\varepsilon_{t-i}\right)^2\right]\right\} \leqslant O(T)$$

$$\tag{3.63}$$

$$E\left[\frac{\varepsilon_t^2}{h_t^3}y_{t-1}^5\left(\sum_{i=1}^{t-1}\beta^{i-1}\varepsilon_{t-i}\right)\left(\sum_{i=1}^{t-1}\beta^{i-1}r_{t,i}\varepsilon_{t-i}\right)\right] \leqslant O(T^{\frac{5}{2}}) \tag{3.64}$$

$$E\left[y_{t-1}\left(\sum_{i=1}^{t-1}\beta^{i-1}r_{t,i}^2\varepsilon_{t-i}\right)\left(\sum_{i=1}^{t-1}\beta^{i-1}r_{t,i}^3\varepsilon_{t-i}\right)\right] \leqslant O(\sqrt{T}) \tag{3.65}$$

$$E\left(\sum_{i=1}^{t-1}\beta^{i-1}r_{t,i}^3\varepsilon_{t-i}\right)^2 \leqslant O(1) \tag{3.66}$$

综合式（3.60）～式（3.66）可得：

$$\frac{2\alpha^2\varepsilon_t^2}{h_t^3}\left(\sum_{i=1}^{t-1}\beta^{i-1}y_{t-i-1}^3\varepsilon_{t-i}\right)^2 = \frac{2\alpha^2\varepsilon_t^2}{h_t^3}\left(\sum_{i=1}^{t-1}\beta^{i-1}\varepsilon_{t-i}\right)^2 y_{t-1}^6 + o(T^4)$$

$$\tag{3.67}$$

继续借鉴凌仕卿和李伟强（Ling and Li，2003）的引理 4.5 以及引理 4.8，可推导出：

$$\frac{1}{T^4}\sum_{t=1}^{N}\frac{\varepsilon_t y_{t-1}^6}{h_t^2}\sum_{i=1}^{t-1}\beta^{i-1}\varepsilon_{t-i} = o_p(1) \tag{3.68}$$

$$E\left(\frac{\varepsilon_t y_{t-1}^5}{h_t^2}\sum_{i=1}^{t-1}\beta^{i-1}r_{t,i}\varepsilon_{t-i}\right) \leqslant O(T^{\frac{5}{2}}) \tag{3.69}$$

$$E\left(\frac{\varepsilon_t y_{t-1}^4}{h_t^2}\sum_{i=1}^{t-1}\beta^{i-1}r_{t,i}^2\varepsilon_{t-i}\right) \leqslant O(T^2) \tag{3.70}$$

$$E\left(\frac{\varepsilon_t y_{t-1}^3}{h_t^2}\sum_{i=1}^{t-1}\beta^{i-1}r_{t,i}^3\varepsilon_{t-i}\right) \leqslant O(T^{\frac{3}{2}}) \tag{3.71}$$

则由式（3.68）~式（3.71）可得：

$$\frac{1}{T^4}\sum_{t=1}^{T}\left[\frac{2\alpha\varepsilon_t y_{t-1}^2}{h_t^2}\left(\sum_{i=1}^{t-1}\beta^{i-1}y_{t-i-1}^2\varepsilon_{t-i}\right)\right] = o_p(1) \tag{3.72}$$

由于：

$$\left(\frac{\varepsilon_t^2}{h_t}-1\right)\frac{\partial}{\partial\delta}\left(\frac{1}{2h_t}\frac{\partial h}{\partial\delta}\right) = \frac{\alpha}{h_t}\left(\frac{\varepsilon_t^2}{h_t}-1\right)\left(\sum_{i=1}^{t-1}\beta^{i-1}y_{t-i-1}^6\right) -$$
$$\frac{2\alpha^2}{h_t^2}\left(\frac{\varepsilon_t^2}{h_t}-1\right)\left(\sum_{i=1}^{t-1}\beta^{i-1}\varepsilon_{t-i}y_{t-i-1}^3\right)^2 \tag{3.73}$$

经过类似的推导可以得到：

$$\frac{1}{T^4}\sum_{t=1}^{T}\left[\left(\frac{\varepsilon_t^2}{h_t}-1\right)\frac{\partial}{\partial\delta}\left(\frac{1}{2h_t}\frac{\partial h}{\partial\delta}\right)\right] = o_p(1) \tag{3.74}$$

结合式（3.58）、式（3.67）、式（3.72）以及式（3.74），并根据凌仕卿和李伟强（Ling and Li，2003）的引理 4.2、引理 4.6 以及引理 4.7：

$$-\frac{1}{T^4}\sum_{t=1}^{T}\frac{\partial^2 l_t}{\partial\delta^2} = \left(\frac{1}{T^4}\sum_{t=1}^{T}y_{t-1}^6\right)F + o_p(1) \xrightarrow{d} \sigma^6 F\int W(r)^6 dr \tag{3.75}$$

由于 $\sigma^2 = Eh_t$，

令 $W_1(r) = \frac{1}{\sigma}w_1(r)$，$W_2(r) = -\frac{1}{\sigma^2}\sqrt{\frac{\sigma^2}{\sigma^2 F-1}}w_1(r) + \sqrt{\frac{\sigma^2}{\sigma^2 F-1}}w_2(r)$

则有 $W(r) = W_1(r)$，$W_1(r)$ 和 $W_2(r)$ 是独立的标准布朗运动，结合式（3.58）以及式（3.75），并利用连续映射定理可以得到：

$$T^2 \hat{\delta}_{ML} \xrightarrow{d} \frac{\int_0^1 W_1^3(r) \, \mathrm{d}W_1(r) + \sqrt{\sigma^2 F - 1} \int_0^1 W_1^3(r) \, \mathrm{d}W_2(r)}{\sigma^4 F \int_0^1 W(r)^6 \mathrm{d}r} \quad (3.76)$$

$$T^2 s.\,e.\,(\hat{\delta}_{ML}) = \sqrt{\frac{\hat{\sigma}^2}{\left(\sum_{t=1}^T y_{t-1}^6\right) / T^4}} \xrightarrow{d} \frac{1}{\sigma^2 \sqrt{\int_0^1 W(r)^6 \mathrm{d}r}} \quad (3.77)$$

根据连续映射定理，结合式（3.75）与式（3.76）可以得到：

$$EG \xrightarrow{d} \frac{\int_0^1 W_1^3(r) \, \mathrm{d}W_1(r) + \sqrt{\sigma^2 F - 1} \int_0^1 W_1^3(r) \, \mathrm{d}W_2(r)}{\sigma^2 F \sqrt{\int_0^1 W_1(r)^6 \mathrm{d}r}} \quad (3.78)$$

得到 EG 统计量的渐近分布之后，借鉴菲利普斯等（Phillips et al.，2011）的研究思路，结合连续映射定理，可以得到 SEG 统计量的渐近分布形式：

$$SEG \xrightarrow{d} \sup_{r_1 \in [r_0, 1]} \frac{\int_0^1 W_1^3(r) \, \mathrm{d}W_1(r) + \sqrt{\sigma^2 F - 1} \int_0^1 W_1^3(r) \, \mathrm{d}W_2(r)}{\sigma^2 F \sqrt{\int_0^1 W_1(r)^6 \mathrm{d}r}}$$

$$(3.79)$$

3.2.3 识别效果的蒙特卡洛模拟分析

基于 SEG 统计量渐近分布的存在性，可以利用蒙特卡洛方法进行数值实验，得到不同概率水平下不存在资产价格泡沫时的临界值，通过比较 SES 统计量以及 SEG 统计量的真实值与临界值差异来判断是否存在资产价格泡沫。同时，将本研究提出的检验方法与 SADF 检验进行比较，力图能够更准确地检验是否存在资产价格泡沫。

首先，利用蒙特卡洛方法来模拟统计量的临界值，设定零假设成立时的真实数据生成过程为：

$$y_t = y_{t-1} + \varepsilon_t, \ \varepsilon_t = \eta_t \sqrt{h_t}, \ h_t = \omega + \alpha \varepsilon_{t-1}^2 + \beta h_{t-1}, \ \eta_t \sim i.\,i.\,d.\,N(0,1)$$

其中（ω，α，β）=（0.1，0.2，0.7），（0.1，0.3，0.6），（0.1，0.4，0.5），分别对应为情形 1、情形 2、情形 3，三种情形下 α 值逐渐增大，说明数据的厚尾特征越明显。设定样本容量为 500，模拟次数为 2000，得到的 SES 统计量与 SEG 统计量的渐近临界值如表 3.5 和表 3.6 所示。

表 3. 5

检验统计量	SES		
显著性水平（％）	1	5	10
临界值	− 0. 04	0. 16	0. 58

表 3. 5　　　　　　　　　　SES 统计量的渐近临界值

表 3. 6　　　　　　　　　　SEG 统计量的渐近临界值

显著性水平（％）	1	5	10
情形 1	− 0. 45	0. 17	0. 65
情形 2	− 0. 66	0. 24	0. 60
情形 3	− 0. 61	0. 26	0. 67

为评价 SES 检验的功效，将备择假设成立时的数据生成过程设定为 ESTAR 模型：

$$\Delta y_t = \theta y_{t-1}\left[1 - \exp(-\gamma y_{t-1}^2)\right] + \varepsilon_t$$

其中，$\varepsilon_t \sim i.i.d. N(0,1)$。在样本容量分别为 50、100 以及 200 的三种状态下比较 SES 检验与 SADF 检验的功效，设定名义检验水平为 5％；模拟次数为 2000；$\theta = \{0.01, 0.05, 0.1\}$；$\gamma = \{0.01, 0.1, 1\}$。具体对比如表 3. 7 所示。

表 3. 7　　　　　　　　SES 检验与 SADF 检验的检验功效比较

	$\gamma = 1$		$\gamma = 0.1$		$\gamma = 0.01$	
	SES	SADF	SES	SADF	SES	SADF
$\theta = 0.1$						
T = 50	0. 92	0. 36	0. 88	0. 21	0. 72	0. 25
T = 100	0. 95	0. 59	0. 92	0. 35	0. 86	0. 33
T = 200	1. 00	0. 89	0. 99	0. 62	0. 98	0. 48
$\theta = 0.05$						
T = 50	0. 90	0. 31	0. 82	0. 19	0. 72	0. 13
T = 100	0. 92	0. 52	0. 92	0. 32	0. 82	0. 25
T = 200	1. 00	0. 75	0. 99	0. 56	0. 95	0. 38
$\theta = 0.01$						
T = 50	0. 82	0. 27	0. 75	0. 15	0. 72	0. 15
T = 100	0. 85	0. 36	0. 82	0. 26	0. 85	0. 23
T = 200	0. 99	0. 39	0. 95	0. 37	0. 92	0. 36

由表 3.7 可以看出，在有限样本下，资产价格波动存在非线性 ESTAR 特征时，本研究提出的 SES 检验的检验功效显著高于菲利普斯等（Phillips et al.，2011）提出的 SADF 检验。在 γ 相同的前提下，θ 越小，SES 检验相对 SADF 检验优势越明显。例如，表 3.7 中，样本观测值为 100 时，将 γ 值确定为 1，$\theta = 0.1$ 时，SLS 检验与 SADF 检验的检验功效分别为 0.95、0.59；$\theta = 0.05$ 时，SES 检验与 SADF 检验的检验功效分别为 0.92、0.52；$\theta = 0.01$ 时，SES 检验与 SADF 检验的检验功效分别为 0.85、0.36。当 θ 确定时，γ 越小，SES 检验相对 SADF 检验优势越明显。例如，样本观测值为 50 时，将 θ 值确定为 0.05，$\gamma = 1$ 时，SLS 检验与 SADF 检验的检验功效分别为 0.90、0.31；$\gamma = 0.1$ 时，SES 检验与 SADF 检验的检验功效分别为 0.82、0.19；$\gamma = 0.01$ 时，SES 检验与 SADF 检验的检验功效分别为 0.72、0.13，SADF 检验的检验功效进一步下降，SES 检验的检验功效更加明显。

其次，将备择假设成立时的数据生成过程设定为 ESTAR – GARCH 模型：

$$\Delta y_t = \theta y_{t-1}\left[1 - \exp(-\gamma y_{t-1}^2)\right] + \varepsilon_t，\ \varepsilon_t = \eta_t\sqrt{h_t}，\ h_t = \omega + \alpha\varepsilon_{t-1}^2 + \beta h_{t-1}$$

其中，$\eta_t \sim i.i.d.\ N(0,1)$。与分析 SLG 检验的功效类似，分别考察情形 1、情形 2、情形 3 三种情况下，样本容量分别为 50、100 以及 200 的三种状态比较 SEG 检验与 SADF 检验的功效，设定名义检验水平为 5%；模拟次数为 2000；$\theta = \{0.01, 0.05, 0.1\}$；$\gamma = \{0.01, 0.1, 1\}$。具体对比如表 3.8 所示。

表 3.8　　　　　　　　SEG 检验与 SADF 检验的检验功效比较

	$\gamma = 1$		$\gamma = 0.1$		$\gamma = 0.01$	
	SADF	SEG	SADF	SEG	SADF	SEG
（a）情形 1						
$\theta = 0.1$						
T = 50	0.92	0.98	0.82	0.96	0.52	0.86
T = 100	1.00	1.00	0.99	1.00	0.84	0.96
T = 200	1.00	1.00	1.00	1.00	1.00	1.00
$\theta = 0.05$						
T = 50	0.80	0.92	1.00	1.00	0.44	0.80
T = 100	1.00	1.00	1.00	1.00	0.62	0.91
T = 200	1.00	1.00	1.00	1.00	0.94	0.99

	$\gamma = 1$		$\gamma = 0.1$		$\gamma = 0.01$	
	SADF	SEG	SADF	SEG	SADF	SEG
$\theta = 0.01$						
T = 50	1.00	1.00	1.00	1.00	0.36	0.82
T = 100	0.55	0.95	1.00	1.00	0.49	1.00
T = 200	0.76	0.99	0.74	0.99	0.69	0.98
（b）情形 2						
$\theta = 0.1$						
T = 50	0.92	0.96	1.00	1.00	0.50	0.82
T = 100	1.00	1.00	1.00	1.00	0.73	0.90
T = 200	1.00	1.00	1.00	1.00	0.99	1.00
$\theta = 0.05$						
T = 50	0.82	0.94	0.68	0.82	0.30	0.76
T = 100	0.98	1.00	0.90	0.99	0.70	0.98
T = 200	1.00	1.00	1.00	1.00	0.94	0.99
$\theta = 0.01$						
T = 50	0.38	0.60	0.4	0.78	0.34	0.68
T = 100	0.53	0.86	0.46	0.92	0.42	0.88
T = 200	0.77	0.99	0.73	0.98	0.66	0.99
（c）情形 3						
$\theta = 0.1$						
T = 50	0.92	0.94	0.86	0.94	0.44	0.76
T = 100	1.00	1.00	0.96	1.00	0.77	0.88
T = 200	1.00	1.00	1.00	1.00	0.99	1.00
$\theta = 0.05$						
T = 50	0.78	0.90	0.62	0.82	0.30	0.68
T = 100	0.96	0.99	0.66	0.99	0.56	0.86
T = 200	1.00	1.00	1.00	1.00	0.92	0.97
$\theta = 0.01$						
T = 50	0.36	0.74	0.42	0.72	0.28	0.66
T = 100	0.56	0.96	0.49	0.92	0.47	0.86
T = 200	0.83	0.99	0.74	0.98	0.65	0.96

由表 3.8 可以看出，在有限样本下，资产价格波动存在非线性 ESTAR – GARCH 特征时，本书提出的 SEG 检验的检验功效显著高于菲利普斯等

（Phillips et al. , 2011）提出的 SADF 检验。

γ 相同的前提下，θ 越大，SEG 检验与 SADF 检验的检验功效越强，但 θ 越小，SEG 检验相对 SADF 检验优势越明显。例如，表 3.8（b）中，样本观测值为 100 时，将 γ 值确定为 0.01，$\theta = 0.1$ 时，SADF 检验与 SEG 检验的检验功效分别为 0.73、0.90；$\theta = 0.05$ 时，SADF 检验与 SEG 检验的检验功效分别为 0.70、0.98；$\theta = 0.01$ 时，SADF 检验与 SEG 检验的检验功效分别为 0.42、0.88，随着 θ 越小，SEG 检验的优势更加明显。

当 θ 确定时，γ 越大，SEG 检验的检验功效越强，但在资产价格厚尾特征更显著时，SADF 检验的检验功效并不显现这一规律。同时，γ 越小，SEG 检验相对 SADF 检验优势越明显。例如，表 3.8（a）中，样本观测值为 100 时，将 θ 值确定为 0.05，$\gamma = 1$ 时，SADF 检验与 SEG 检验的检验功效分别为 0.98、1.00，SEG 检验具有更高的检验功效，但优势并不明显；而当 $\gamma = 0.1$ 时，SADF 检验与 SEG 检验的检验功效分别为 0.90、0.99，SADF 检验与 SEG 检验的检验功效均有所下降，但 SADF 检验的检验功效下降更多；当 $\gamma = 0.01$ 时，SADF 检验与 SEG 检验的检验功效分别为 0.70、0.98，SADF 检验的检验功效进一步下降，SEG 检验的检验功效更加明显。

进一步比较可以发现，样本观测值越小时，γ 与 θ 越小，随着金融资产厚尾特征的加剧，SEG 检验与 SADF 检验的检验功效均有所降低，但 SEG 检验的优势仍很明显。例如，在样本观测值为 50 时，$\gamma = 0.01$，$\theta = 0.01$ 时，情形 1 下 SADF 检验与 SEG 检验的检验功效分别为 0.36、0.82；情形 2 下 SADF 检验与 SEG 检验的检验功效分别为 0.34、0.68；情形 3 下 SADF 检验与 SEG 检验的检验功效分别为 0.28、0.66。

第4章 股市、债市与汇市泡沫的识别及交叉传染特征

党的十九大报告提出，防范化解重大风险是决胜全面建成小康社会过程中必须打赢的三大攻坚战之一。打好防范化解重大风险攻坚战，重点是防控金融风险。近年来，防范化解金融风险攻坚战取得关键进展，尤其是新冠疫情暴发以来，国际金融市场经历剧烈波动，相较而言，我国股、债、汇市场展现出较强的韧性和抗风险能力（郭树清，2020）。但在当前形势下，金融风险仍然易发高发，一些潜在隐患依然较大，需要冷静研判（郭树清，2020）。努力防控金融风险、维护国家金融安全是维系中国经济发展高质量的基础所在。为了维系金融安全，需要我们识别出金融风险并加以防控。资产价格泡沫是金融风险的重要表现形式，有效化解资产价格泡沫有益于防范系统性金融风险（Brunnermeier et al.，2020）。由于金融风险跨市场、跨部门传染日渐常态化，系统性风险在资本市场呈现快速传播态势（杨子晖，2019），而资产价格泡沫主要表现为股票、债券、外汇市场的价格泡沫，也会存在股市、债市与汇市泡沫的交叉传染行为，正如易纲（2018）所指出，金融风险的重要表现形式是股市、债市与汇市的异常波动，制定金融政策需要防止这些风险在市场之间传染。由此，从抑制资产价格泡沫以防范化解系统性金融风险的视角出发，一方面要精准识别出不同形式的资产价格泡沫；另一方面还需明晰资产价格泡沫的交叉传染特征。因此，对股市泡沫、债市泡沫、汇市泡沫及其交叉行为展开深入研究，不仅有助于进一步完善资产价格泡沫的识别方法，量化股市、债市与汇市泡沫的交叉传染行为，而且有助于精准识别并有序化解风险点，为完善跨市场的金融风险监管体系提供经验依据。

4.1 股票、债券与外汇价格波动的真实数据生成过程

由于本研究尝试基于非线性 STAR – GARCH 模型框架对 SADF 检验进

行拓展，进而需要对股票、债券与外汇价格波动的真实数据生成过程是否符合 STAR – GARCH 模型描述的非线性特征进行考察。具体地，从样本充足性角度出发，本研究以上证指数（$y1$）代表股票价格波动，样本期间为 1990 年 12 月 ~ 2021 年 12 月；以中债综合指数（$y2$）代表债券价格波动，样本期间为 2002 年 1 月 ~ 2021 年 12 月；以人民币对美元汇率（$y3$）代表外汇价格波动，样本期间为 2005 年 7 月 ~ 2021 年 12 月①。上述数据均来源于 Wind 数据库，具体可参考范·迪克等（Van Dijk et al.，2002）、汪卢俊（2014）以及汪卢俊（2018）的研究进行建模分析。

4.1.1　非线性检验

建模的关键包括模型的设定和估计，首先判断是否应针对股票、债券以及外汇等资产价格波动建立非线性 STAR 模型，假设资产价格的波动特征服从下述 STAR 模型：

$$yj_t = \left(\phi j_{10} + \sum_{i=1}^{p} \phi j_{1i} yj_{t-i} \right) \left[1 - F(sj_t; \gamma j, cj) \right] +$$

$$\left(\phi j_{20} + \sum_{i=1}^{p} \phi j_{2i} yj_{t-i} \right) F(sj_t; \gamma j, cj) + \varepsilon j_t \qquad (4.1)$$

其中，$j = 1，2，3$，$y1_t$、$y2_t$、$y3_t$ 分别代表股票价格、债券价格和外汇价格，γj 为转换速度参数，sj_t 代表转移变量，cj 代表位置参数，ϕj_{10}，ϕj_{1i}，ϕj_{20}，ϕj_{2i} 为待估参数，$F(sj_t; \gamma j, cj)$ 为平滑转移函数，包括逻辑函数与指数函数：

$$F(sj_t; \gamma j, cj) = \left(1 + \exp\left[- \gamma j(sj_t - cj) \right] \right)^{-1} \qquad (4.2)$$

$$F(sj_t; \gamma j, cj) = 1 - \exp\left[- \gamma j (sj_t - cj)^2 \right] \qquad (4.3)$$

将式（4.2）、式（4.3）分别代入式（4.1），则 STAR 模型可被划分为 LSTAR 模型和 ESTAR 模型。对式（4.1）进行三阶泰勒展开可得：

$$yj_t = \beta j_0 + \sum_{m=1}^{p} \left(\beta j_{1m} yj_{t-m} + \beta j_{2m} yj_{t-m} sj_t + \beta j_{3m} yj_{t-m} sj_t^2 + \beta j_{4m} yj_{t-m} sj_t^3 \right) + ej_t$$

$$(4.4)$$

根据范·迪克等（Van Dijk et al.，2002），定义零假设：

---

① 人民币汇率制度改革是逐步向市场化制度迈进的过程，样本期的选择是基于以下原因：自 1994 年 1 月 1 日开始实现汇率并轨，确立以市场供求为基础、单一的浮动汇率制度，但由于变动幅度较小，市场化程度并不高。在 2005 年 7 月 21 日后，人民币汇率不再盯住单一美元，而是实行以市场供求为基础、参考"一篮子货币"进行调节、有管理的浮动汇率制度，人民币汇率形成机制更富弹性。

$$H_0 : \beta j_{2m} = \beta j_{3m} = \beta j_{4m} = 0 \tag{4.5}$$

对应地,资产价格的真实数据生成过程为线性模型,为判断是否接受零假设,基于式(4.4)构造 LM 型检验统计量,若拒绝 H_0 检验,则存在非线性 STAR 特征。

为区分备择假设下 STAR 模型的具体类型,进一步构造以下序贯假设检验:

$$H_{01} : \beta j_{4m} = 0 \tag{4.6}$$

$$H_{02} : \beta j_{3m} = 0 \mid \beta_{4m} = 0 \tag{4.7}$$

$$H_{03} : \beta j_{2m} = 0 \mid \beta j_{3m} = \beta j_{4m} = 0 \tag{4.8}$$

根据范·迪克等(Van Dijk et al.,2002)的研究思路,进行模型设定时:若拒绝 H_0 检验,则存在非线性 STAR 特征,在此基础上,若 H_{01} 或 H_{03} 检验统计量所对应的 p 值最小,则应建立 LSTAR 模型;若 H_{02} 检验统计量所对应的 p 值最小,应建立 ESTAR 模型。由于进行 LM 检验时,转换变量 S_t 的选择尤为重要,根据特尔斯维塔(Teräsvirta,1994)的分析,STAR 模型的转换变量通常可选取因变量 y_t 的滞后项或者差分滞后项,而为提高检验功效,应选取检验统计量对应 $y_t = \alpha + \beta y_{t-1} + \sum_{i=1}^{p} \varphi_i \Delta y_{t-i} + \varepsilon_t^p$,值最小时的转换变量。

依据 AIC 准则确定最优滞后阶数,对 $y1$、$y2$ 以及 $y3$ 进行线性自回归估计,估计时剔除在 5% 的显著水平下不显著的滞后项,根据 DW 检验进行残差序列自相关检验,并检验残差序列是否存在 GARCH 效应,具体估计如下。

$$y1_t = 61.61 + 1.07 y1_{t-1} - 0.17 y1_{t-3} + 0.17 y1_{t-4} - 0.11 y1_{t-6} + u_t \tag{4.9}$$

模型残差不存在 GARCH 效应,其他评价的相关指标中,$R^2 = 0.9653$,$SSR = 14375071$,$AIC = 13.4408$,$DW = 2.0833$。

$$y2_t = 1.2966 y2_{t-1} - 0.2384 y2_{t-2} - 0.2119 y2_{t-4} + 0.1562 y2_{t-5} + u_t \tag{4.10}$$

模型残差不存在 GARCH 效应,其他评价的相关指标中,$R^2 = 0.9993$,$SSR = 185.8441$,$AIC = 2.6372$,$DW = 1.9703$。

$$y3_t = 0.1216 + 1.2669 y3_{t-1} - 0.2858 y3_{t-2} + u_t \tag{4.11}$$

模型残差不存在 GARCH 效应，其他评价的相关指标中，$R^2 = 0.9884$，$SSR = 0.6169$，$AIC = -2.8927$，$DW = 2.0214$。

由式（4.9）~式（4.11）可知，线性模型对股市、债市以及汇市波动的拟合程度较好，DW 统计量也显示建模后的残差序列不存在自相关现象。

在对 STAR 模型进行估计之前，根据 $y1$、$y2$ 以及 $y3$ 的线性自回归模型估计结果，进行非线性检验。根据范·迪克等（Van Dijk et al., 2002）的分析方法，在式（4.9）~式（4.11）列出的估计结果基础上进行非线性检验，选取各指数的滞后项或差分滞后项为转换变量。表4.1 给出了模型非线性检验的 LM 统计量所对应的 p 值。

表 4.1 模型设定中的非线性检验

建模变量	转换变量	非线性检验			
		H_0	H_{01}	H_{02}	H_{03}
$y1_t$	$y1_{t-1}$	0.0000	0.0933	0.0000	0.0000
	$y1_{t-2}$	0.0000	0.0000	0.0111	0.0000
	$y1_{t-3}$	0.0000	0.4763	0.0000	0.0000
	$y1_{t-4}$	0.0000	0.7525	0.0080	0.0000
	$y1_{t-5}$	0.0000	0.4569	0.0000	0.0000
	$y1_{t-6}$	0.0000	0.0849	0.0000	0.0000
	$dy1_{t-1}$	0.0000	0.4729	0.3751	0.0187
	$dy1_{t-2}$	0.0000	0.0000	0.4098	0.0000
	$dy1_{t-3}$	0.0000	0.0000	0.0008	0.0021
	$dy1_{t-4}$	0.0000	0.0053	0.0000	0.5899
	$dy1_{t-5}$	0.0000	0.0034	0.0000	0.0000
	$dy1_{t-6}$	0.0000	0.0000	0.0014	0.0002
$y2_t$	$y2_{t-1}$	0.8533	0.3462	0.0007	0.4349
	$y2_{t-2}$	0.7914			
	$y2_{t-3}$	0.8550			
	$y2_{t-4}$	0.8989			
	$y2_{t-5}$	0.9048			
	$dy2_{t-1}$	0.0067			
	$dy2_{t-2}$	0.2432			
	$dy2_{t-3}$	0.1284			
	$dy2_{t-4}$	0.6361			
	$dy2_{t-5}$	0.6539			

建模变量	转换变量	非线性检验			
		H_0	H_{01}	H_{02}	H_{03}
$y3_t$	$dy3_{t-1}$	0.0966	0.6413	0.0121	0.7840
	$dy3_{t-2}$	0.8886			

由表 4.1 可知，（1）关于股票价格波动，在 5% 的显著性水平下，以 $dy1_{t-2}$ 为转移变量时，拒绝了 H_0 假设、H_{01} 假设和 H_{03} 假设，但不能拒绝 H_{02} 假设的概率最大，应建立 LSTAR 模型。（2）关于债券价格波动，在 5% 的显著性水平下，以 $y2_t$ 的滞后项为转移变量时均不能拒绝 H_0 假设；而以 $y2_t$ 的差分滞后项 $dy2_{t-1}$、$dy2_{t-3}$、$dy2_{t-4}$ 以及 $dy2_{t-5}$ 为转移变量时，亦不能拒绝债券价格波动服从线性自回归模型的零假设；以 $dy2_{t-2}$ 为转移变量时，拒绝了 H_0 假设和 H_{02} 假设，但不能拒绝 H_{01} 假设和 H_{03} 假设，由此可判断债券价格波动的真实数据过程为 ESTAR 模型。（3）关于外汇价格波动，以 $y3_t$ 的滞后项为转移变量时，模型存在严重的多重共线性导致无法估计，而在 10% 的显著性水平下，以其差分滞后项 $dy3_{t-2}$ 为转移变量时，不能拒绝 H_0 假设；但以 $dy3_{t-1}$ 为转移变量时，拒绝了 H_0 假设和 H_{02} 假设，但不能拒绝 H_{01} 假设和 H_{03} 假设，因而可以推断外汇价格波动的真实数据过程为 ESTAR 模型。综上可知，股票、债券以及外汇价格波动均具备 STAR 模型所描述的非线性动态特征。

4.1.2 模型的估计

进一步拟合股票、债券以及外汇价格波动的真实数据生成过程。其中，转换函数中速度参数 γ 及位置参数 c 由格点搜索法得到，之后可以利用 NLS 方法进行模型的参数估计，与线性模型下的估计一致，同样剔除了在 5% 的显著水平下不显著的滞后项结果，结果如下：

（1）股票价格的真实数据生成过程为：

$$y1_t = 1.3346 \times y1_{t-1} - 0.4994 \times y1_{t-3} + 0.1807 \times y1_{t-4} + (104.1099 -$$
$$0.4068 \times y1_{t-1} + 0.5671 \times y1_{t-3} - 0.2200 \times y1_{t-6})F(s_t, \gamma, c) + u_t$$

$$(4.12)$$

$$F(s_t, \gamma, c) = [1 + \exp(-0.01dy1_{t-2})]^{-1} \quad (4.13)$$

模型残差不存在 GARCH 效应，其他评价的相关指标中，$R^2 = 0.9670$，$SSR = 13675065$，$AIC = 13.40175$，$DW = 2.0877$。

（2）债券价格的真实数据生成过程为：

$$y2_t = 1.5629 \times y2_{t-1} - 0.5618 \times y2_{t-2} - (0.4922 \times y2_{t-1} - 0.6040 \times$$

$$y2_{t-2} + 0.5407 \times y2_{t-4} - 0.4324 \times y2_{t-5})F(s_t, \gamma, c) + u_t \quad (4.14)$$

$$F(s_t, \gamma, c) = 1 - \exp(-(dy2_{t-2})^2) \quad (4.15)$$

模型残差不存在 GARCH 效应，其他评价的相关指标中，$R^2 = 0.9994$，$SSR = 174.2224$，$AIC = 2.5897$，$DW = 2.0006$。

（3）外汇价格的真实数据生成过程为：

$$y3_t = 1.5780 \times y3_{t-1} - 0.5785 \times y3_{t-2} + (5.2553 - 3.3270 \times$$

$$y3_{t-1} + 2.5528 \times y3_{t-2}) \times F(s_t, \gamma, c) + u_t \quad (4.16)$$

$$F(s_t, \gamma, c) = 1 - \exp(-5(dy3_{t-1})^2) \quad (4.17)$$

模型残差不存在 GARCH 效应，其他评价的相关指标中，$R^2 = 0.9889$，$SSR = 0.5932$，$AIC = -2.9114$，$DW = 2.0345$。

根据非线性建模结论，式（4.12）相较式（4.9），式（4.14）相较式（4.10）以及式（4.16）相较式（4.11）的拟合优度均有所提升，SSR 值得以降低，残差序列依然不存在自相关。非线性模型能够更好地拟合股票、债券以及外汇价格波动的真实数据生成过程。具体地，股票价格波动遵循两区制非线性 LSTAR 变化特征；债券以及外汇价格波动则遵循两区制的非线性 ESTAR 变化特征。

4.2 股市、债市以及汇市泡沫的识别

由于中国股票价格、债券价格以及外汇价格在各自样本期内均遵循非线性 STAR 模型的波动特征，基于本书提出的泡沫检验方法可更精准地识别是否存在泡沫，为保证估计参数的一致性与有效性，起始估计窗口设定为 36 个月，同时为确保估计结果的稳健性，并从实证角度考察本研究构建的泡沫检验方法的优越性，也采用菲利普斯等（Phillips et al.，2011）的 SADF 检验进行对比分析，结果如表 4.2 所示。

表4.2　　　　基于 SLS 检验与 SADF 检验的股市泡沫检验结果

样本	SLS 检验				SADF 检验			
	递归估计	滚动估计	临界值	检验结论	递归估计	滚动估计	临界值	检验结论
股市	6.1261	5.3823	0.4321	有	4.1821	4.9638	1.4853	有

由表 4.2 可知，递归估计与滚动估计情形下，无论 SLS 统计量或 SADF 统计量，均判断股票市场存在泡沫。继而，通过定位股市泡沫生成和破灭的时点，可以发现中国股市泡沫存在周期性破灭特征。参照格里纳韦 - 麦格雷维和菲利普斯（Greenaway-McGrevy and Phillips，2016）的研究，令股市泡沫检验统计量 SLS 为股市泡沫值，当股市泡沫值大于临界值时，表明股票市场存在泡沫（具体见图 4.1 与图 4.2）。CV1 和 CV2 分别代表 5% 显著性水平下 SADF 检验与 SLS 检验对应的临界值。

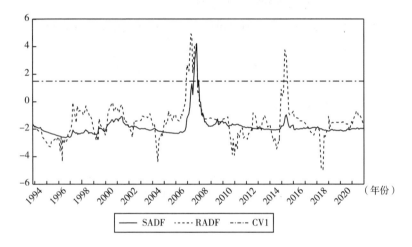

图 4.1   基于 SADF 检验的股市泡沫识别

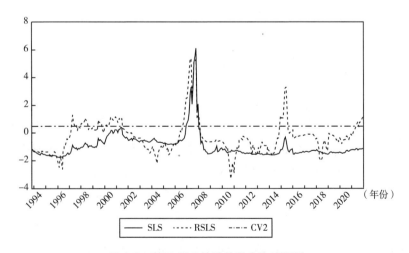

图 4.2   基于 SLS 检验的股市泡沫识别

对比图 4.1 和图 4.2 可知，SLS 检验较 SADF 检验能够更精准地识别出股市泡沫的生成与破灭时点，且滚动估计较递归估计对股市泡沫的识别更有效。由此，基于 SLS 检验对股市泡沫的识别更精准。SADF 检验可以识别出中国股票市场存在两大阶段性泡沫，持续期分别为 2006 年 11 月～2007 年 10 月；2015 年 2 月～2015 年 5 月。SLS 检验则可识别出六大阶段性泡沫，反映出股市泡沫呈现明显的周期性破灭特征：第一阶段泡沫的持续期为 1997 年 2～8 月；第二阶段泡沫的持续期为 1997 年 11 月～1998 年7 月；第三阶段泡沫的持续期为 1999 年 5～9 月；第四阶段泡沫的持续期为 2000 年 2 月～2001 年 7 月；第五阶段泡沫的持续期为 2006 年 7 月～2007 年 12 月；第六阶段泡沫的持续期为 2014 年 11 月～2015 年 7 月；第七阶段泡沫的持续期为 2021 年 4～12 月。

由于债券和外汇价格波动表现出非线性 ESTAR 特征，本书进一步基于 SES 统计量对债市以及汇市泡沫进行识别。

由表 4.3 可知，递归估计与滚动估计情形下，无论 SES 统计量或SADF 统计量，均表明中国债券市场和外汇市场存在价格泡沫，结果具备稳健性。同样地，参照格里纳韦－麦格雷维和菲利普斯（Greenaway-McGrevy and Phillips，2016）的研究，令债市和汇市泡沫检验统计量 SES为债市与汇市泡沫值，以表征债券市场和外汇市场蕴含的泡沫，当泡沫值大于临界值时，表明该类型金融市场存在泡沫。进一步定位债市泡沫和汇市泡沫生成和破灭的时点，具体见图 4.3～图 4.6。其中，RSADF 与 RSES代表基于滚动估计的 SADF 与 SLS 统计量；CV1 与 CV3 分别代表 5% 显著性水平下 SADF 检验与 SLS 检验对应的临界值。

表 4.3　SES 统计量与 SADF 统计量对中国债市与汇市泡沫的检验结论

样本	SES 检验				SADF 检验			
	递归估计	滚动估计	临界值	检验结论	递归估计	滚动估计	临界值	检验结论
债市	8.3739	6.3022	0.1623	有	3.1520	3.6602	1.3685	有
汇市	-1.8725	2.4945	0.1600	有	6.1082	6.1082	1.4972	有

对比图 4.3 和图 4.4 可知，SES 检验方法较 SADF 检验方法能够更精准地定位债券市场泡沫的生成与破灭时点，且滚动估计较递归估计的定位效果更好。SADF 检验发现，债市泡沫的持续期主要包括四个阶段：2005年 4～10 月；2008 年 9 月～2009 年 1 月；2014 年 10 月～2017 年 2 月；2018 年 6 月～2021 年 12 月。SES 检验发现，2004 年 12 月～2021 年 12月，中国债券市场均存在价格泡沫。

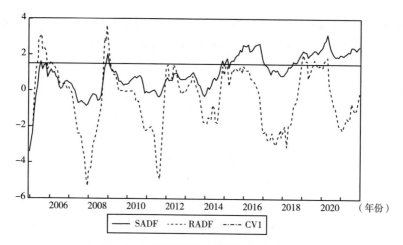

图4.3　基于SADF检验的债市泡沫识别

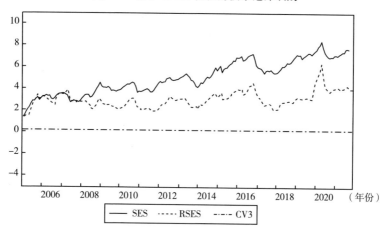

图4.4　基于SES检验的债市泡沫变动

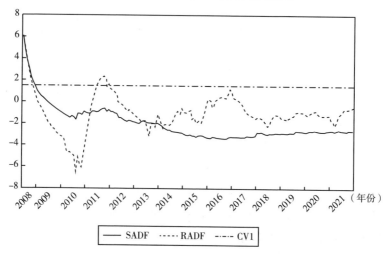

图4.5　基于SADF检验的汇市泡沫识别

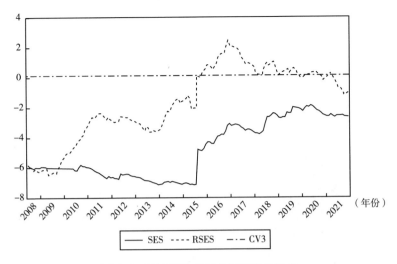

图4.6 基于SES检验的汇市泡沫识别

对比图4.5和图4.6可知，SES检验方法较SADF检验方法能够更精准地定位中国汇市泡沫的生成与破灭时点，且滚动估计的识别效果优于递归估计。SADF检验表明，中国外汇市场存在价格泡沫的阶段为：2006年6月~2008年12月；2011年6~11月。SES检验则表明，中国汇市泡沫的持续期为2015年10月~2019年11月；2020年3~9月。

综上可知，本书提出的资产价格泡沫检验方法较SADF检验更具检验功效，不仅能检验不同类型资产市场的价格泡沫，也能精准识别泡沫的生成与破灭时点。同时，采取滚动估计方法对泡沫的识别也更加有效。

4.3 股市、债市与汇市泡沫的典型特征分析

通过本研究提出的泡沫识别方法可以发现，我国股票、债券以及外汇市场都存在阶段性泡沫。结合同期股市、债市与汇市的表现，可以对存在泡沫的典型特征进行分析。不同金融市场在组织制度建设、交易方式设置以及资产价格泡沫形成和破灭方面有所不同，本节对股市泡沫、债市泡沫与汇市泡沫的典型事实进行分析，一方面，可以抓住不同金融市场的主要特征，为下一步研究不同市场之间资产价格泡沫的交叉传染打下基础；另一方面，对不同金融市场分别进行分析，有利于从实践中总结不同金融市场的特质，避免了对整体金融市场的泛泛而谈，有利于提出更具有针对性的政策建议。

4.3.1 股市、债市与汇市泡沫的统计分析

首先对股市、债市与汇市泡沫进行描述性统计分析（见图4.7~图4.9）。

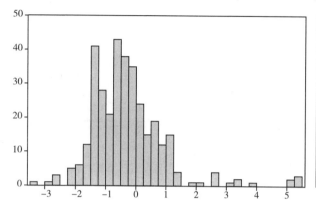

图 4.7　股市泡沫的描述性统计分析

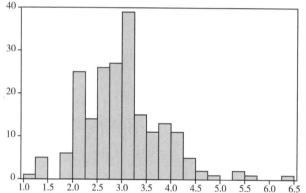

图 4.8　债市泡沫的描述性统计分析

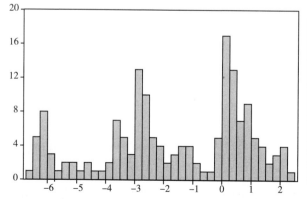

图 4.9　汇市泡沫的描述性统计分析

股票市场存在周期性破灭型泡沫，且泡沫的持续期较多，大多不超过1年。检验统计量的中位数小于均值，且均为负数，小于生成泡沫的临界值。表明中国股市大多数时间处于无泡沫状态，同时可以根据最大值和最小值的比较，结合偏度与正态性分析，可以发现，泡沫生成后膨胀速度快，且会迅速恢复无泡沫状态，意味着股市参与者短期交易行为较为普通，一定程度上反映出市场的非理性特征。

研究期内，中国债券市场一直存在泡沫。检验统计量的中位数与均值接近，均大于产生泡沫的临界值。同时根据最大值和最小值的比较，结合偏度与正态性分析，可以发现，债券市场的泡沫状态较为稳定，服从正态分布，在一定程度上反映出并未有相关政策对此进行关注，同时债券市场交易的市场化程度不高。

可以发现，研究期内，绝大部分时间外汇市场处于无泡沫状态，由于均值与中位数均为负值，表明人民币定价处于合理区间，而2015年12月至今，美元不断升值，导致外汇市场存在泡沫。

4.3.2 股市泡沫的典型特征分析

我国股票市场交易具有以下特点：（1）股票价格受到多方面信息影响，资产价格波动幅度较大。股票资产属于非固定收益资产，其内在价值具有一定的不确定性，这导致难以预期未来现金流。此外，股票资产的价格非常容易受到政策、行业以及宏观经济的影响，价格的波动幅度较大，且难以预测。从某种程度而言，股票市场上的信息反映了资产的价格，信息的变动带来股票资产价格的变动，由于市场上的信息是随时更新的，且随时会有预期相反的信息出现，从而导致股票资产价格也在时刻发生变动且变动幅度较大。（2）市场交易主体以个人为主，且具有较大的财富再分配效应。与债券市场和外汇市场不同的是，我国股票市场的交易主体以个人投资者为主，也被称为"散户"，由于散户受限于资本水平和信息渠道，难以获得充分的信息和利用足够的资本对股票资产进行资源配置，从而在市场交易中处于劣势。股票市场上不注入实体经济的股票资金的再配置，都是一种零和博弈，"庄家"的收益得益于"散户"的亏损，"庄家"也会利用"散户"的跟随战略，将股票价格投机至高点，从而对"散户"割韭菜，导致社会财富进一步向富裕阶层流入，收入不平等加剧。（3）市场交易中存在惯性趋势和"羊群效应"。惯性趋势指的是股票价格的短期信息能够反映出股票价格的长期走势；"羊群效应"是指群体在决策时容易受到其他人的影响，从而在市场上形成跟风效应。惯性趋势来源于对股票价格信息的充分解读，"羊群效应"来自决策群体的非理性预期导致的从众行为。两种效应叠加，形成股票市场典型的"买涨不买跌"现象，股市泡沫持续膨胀，为后期泡沫的突然破灭埋下伏笔。（4）我国资本市场制度建设不成熟。注册制实行之前，股票一级市场和二级市场之间存在较大的套利空间，一级市场上发行新股的市场价格较低，在二级流通市场上能够以较高的市场价格出售，从而获得较高收益。这一不完善的资本制度建设使得较多投资者在一二级市场之间进行套利交易，有损市场公平，也不利于我国股票市场的长期稳定发展。

我国股票市场存在周期性泡沫特征。股票市场上的资产价格受到多重信息的影响，其中包括宏观经济、政策变动以及自然灾害等宏观层面的影响因素，也包括投资者交易行为、资本水平和资产配置等微观层面的因素。市场层面上的宏观信息和微观层面上的交易者行为的特征相互影响，共同推动了股票市场上周期性的资产价格泡沫的产生和破灭。一方面，股票市场上的资产价格泡沫产生和破灭是不可避免的。从泡沫产生和破灭来看，宏观信息的刺激作用以及市场上交易者的应对措施都可以引起股票市场的价格泡沫，当某一具有积极作用的宏观信息出台时，市场交易者做出反应，争相买入利好股票，在"羊群效应"的带动下，利好股票的价格持续上涨直至出现价格泡沫。随着宏观信息的逐步落地，市场上的反应逐渐温和，股票市场上交易者的理性预期回归，投资者逐渐意识到当前的股票价格过高，远远超出了其内在价值，会竞相卖出之前争抢的股票，在惯性趋势以及投资者"羊群效应"的作用下，股票价格一泻千里，价格泡沫破灭。另一方面，股票市场上资产价格泡沫的产生和破灭是周期性的，伴随着具有较大影响力的信息出台以及交易者行为上的"羊群效应"等，促使股票价格泡沫具有周期性特征。宏观信息从准备发布、颁布实施以及实施后的落地等不同时点上，交易者基于预期判断和自身资本的限制会对受到影响的股票做出买入、卖出行为，从而使股票价格发生波动，加之投资者非理性预期和"羊群效应"的叠加，成倍放大了股票价格的上涨和下跌，从而形成股票价格泡沫的产生和破灭。然而，股票市场上宏观信息的出现是随时的，信息发布的准备、出台和落地具有周期性；同时，股票市场的惯性趋势和投资者理性预期的回归也具有周期性，这两项因素叠加在一起，导致股票市场资产价格泡沫的产生和破灭具有较强的周期性特征。

股票市场表现出周期性的资产价格泡沫风险，具体表现为随着监管部门对表外融资以及股票质押等融资渠道的监管严厉程度而呈现出周期性资产价格泡沫破灭。当监管趋严时，表外融资萎缩，表内信贷受到资本约束以及信贷规模调控的影响而难以获得，中小企业只能通过股票质押融资获得资金，从而加大了股票价格泡沫破灭的周期性特征。这一特征在2018年表现得尤为明显。2018年末，全国共有1000多家上市公司的控股股东存在股票质押行为，占上市公司的比例超过40%，有500多家公司的控股股东股票质押比例超过80%，风险较高。在股价上涨的情况下，股票质押可以获得双赢的局面，一旦股价下跌幅度较大，引发强制平仓以及上市公司股权转移的风险。2018年，我国中小板指数下跌37%，引发了股价下跌公司的股票质押风险。2019年以来，股票市场景气度回升，股票质押风险有所缓解，但仍要采取对策防范化解股票市场的质押风险。一是保障流动性适度和适合中小企业融资需求的货币供给；二是加大对股票质押行为的监管，警惕过度加杠杆；三是加强股票市场制度建设，加强监管，防止股价暴涨暴跌。

4.3.3　债市泡沫的典型特征分析

相对股票市场和外汇市场而言，我国债券市场具有以下特点：容易被中央银行货币政策调控；具有足够的深度和广度，流动性较强，能够容纳体量较大的货币政策调控操作；商业银行积极参与债券市场，使债券市场成为央行传递货币政策意图的主要途径。在我国，以中央银行主导的场外银行间债券市场是债券市场的最重要组成部分，在该市场上交易的债券数量和金额占债券总量的4/5以上。

同为国内金融市场，债券市场具有与股票市场完全不同的特征。（1）交易主体和金额不同。股票市场交易以个体为主，交易主体数量较多，交易金额较小；债券市场交易以机构投资者为主，交易主体数量较少，交易金额较大。（2）定价机制不同。债券具有固定的收益流，信息单一，定价机制标准化，主要受利率影响；股票的收益流不固定，信息较多，定价机制较为复杂，影响股票价格的因素较多。（3）中介机构不同。股票交易主要通过券商进行；债券交易中的绝大部分是通过银行间市场来完成的。在诸多特征中，影响股票价格的因素较多，债券价格几乎仅受利率影响，这也是导致股票与债券市场不同的重要因素。金融工具交易成交的前提是买方和卖方对交易价格的心理预期不同，即交易双方对金融工具具有不同的价值判断，以此一方卖出，一方买入。股票价格受多方因素影响，投资者对股票价值判断不一，方便在交易所市场通过指令式交易撮合成交。债券价格仅受利率因素影响，投资者对债券价值判断较为一致，难以在短时间内遇到具有逆向操作的买卖双方，只能在交易所场外市场通过报价式驱动达成交易。

我国债券市场长期存在资产价格泡沫的原因在于大量资金追逐少量债券资产。本质上，任何金融市场上的资产价格泡沫都是由于过多的资金追逐少量的金融资产产生的，债券市场上的资金流入较多，通过债券投资流出的资金较少，且债券资产缺乏弹性。首先，我国债券市场的资产供给缺乏弹性。我国债券市场以银行间债券市场为主，且交易的资产主体为国债、政策性银行金融债等具有准政府债券性质的债券，在一定程度上代表了政府的信用。在发行这些债券时，必须要通过计划和审批，从而使得债券资产的供给在短时期内是缺乏弹性的。其次，债券市场上积聚了大量货币资金，造成了大量货币资金追逐一定量金融资产的情况，从而形成债券资产价格泡沫。我国的债券市场作为央行货币政策调控的主要金融市场，连接着货币市场和信贷市场，在货币资金的数量和价格传导中都发挥着重要的作用。按照货币政策传导的逻辑，中央银行通过公开市场操作影响货币市场上的资金数量和价格，货币市场上资金的量和价传导至债券市场，债券市场进一步传导至实体信贷市场。然而，我国在实际的货币政策操作中，数量上还存在一定的信贷规模调控，市场利率还未完全发生调节作用。债券市场上资金的量和价向信贷市场进行传导时受到信贷市场规模调控的影响，从而使得大量资金积聚在债券市场，造成了债券资产价格泡沫。最后，我国数量型货币政策调控向价格型的转型，进一步催化了债券市场价格泡沫。由数量型为主向价格型为主的货币政策调控方式的转变，意味着货币资金的调控越来越倚重货币资金的价格传导，而债券市场是货币资金利率从短期限传导向长期限传导的主要交易场所，因此，会有更多的货币资金通过债券市场传导至信贷市场。尽管当前，我国已经在贷款市场上实行了贷款市场报价利率改革（LPR），但社会公众依然渴望通过存款获得固定收益，而银行又存在揽储的盈利动机，加之金融机构在金融市场和信贷市场上组织制度的设计分离，债券市场资金的价格向信贷市场资金价格的传导依然受到限制，传导依然不畅。金融机构会在债券市场上频繁进行"借短投长"的投机行为，拉动短期债券价格走高。此时，为平抑市场波动，中央银行进行公开市场操作，投放更多的货币资金到债券市场，从而进一步助长债券市场资产价格泡沫。

债券市场的风险主要表现为债券市场的资产价格泡沫破灭，从而引起违约风险。一段时期以来，由债券价格泡沫破灭引起的债券违约风险表现得较为突出。特别是 2018 年，我国债券市场经历了较为严重的信用债违约风险，违约数量增加，全年新增违约企业 43 家，涉及债券 119 只，总规模达到 1167 亿元，是 2017 年的 3.5 倍①。这一轮的信用违约事件具有两个特征：（1）信用违约的市场主体包含了较多的上市公司，如华信集团、富贵鸟、永泰能源等，大量上市公司违约的现象在以往并不多见；（2）违约主体的行业分布较为广泛，涉及的行业数量多达十几个，并不像以往一样，仅局限于某一个或几个行业。信用违约密集出现的后续问题是中低级债券发行困难，中小企业融资愈发困难。特别是"资管新规"出台后，表外融资受到打击，委托信贷、信托贷款以及通过承兑汇票进行融资的方式不再适用，企业对债券市场融资的方式更加依赖，但信用违约事件的集中爆发，导致市场投资者的风险偏好降低，对中低评级证券持谨慎态度。2019年以来，信用债券违约的数量和规模都有所降低，债券市场违约风险降低。

4.3.4 汇市泡沫的典型特征分析

外汇市场交易具有以下特点：（1）2015 年人民币汇率制度改革为外汇市场产生价格泡沫提供了空间。2015 年 8 月 11 日，中国人民银行宣布调整人民币对美元汇率中间价报价机制，做市商参考上一交易日银行间外汇市场的收盘汇率，向中国外汇交易中心提供中间报价。这一调整使得人民币兑美元汇率中间价机制进一步市场化，更加真实地反映了当期外汇市场的供求关系。在此之前，人民币汇率的变动是围绕中间价上下 2% 区间，且这个中间价是每天早晨中央银行直接给定的，与前一天的收盘价没有多大关系，具有较多的央行干预的成分在其中。2015 年的汇率改革，不但将上下 2% 的浮动区间取消，更重要的是将中间价设置由市场因素决定，让市场机制发挥更大的作用，从而为人民币市场汇率大幅波动，甚至产生资产价格泡沫打下市场基础。（2）外汇市场交易受到国内外经济形势的变动影响较大。在世界经济史上，任何一国的汇率都会受到国内外经济形势的影响，特别是受到美国货币的影响。就我国这一转型经济体而言，外汇变动更多地由国内外经济形势变动决定。一方面，外汇汇率的确定受到世界经济特别是美元资产价格波动的影响，当美元走强时，国际投资者倾向于买入美元，我国货币相对贬值，在"羊群效应"的叠加下，容易在人民币市场上产生价格泡沫。另一方面，人民币走势受到本国经济发展的影响较大，当国内经济发展形势走弱时，国际投资者预期利率走低，纷纷卖出人民币，买入其他货币资产，加剧了人民币资产价格泡沫的产生和膨胀。

---

① 钟春平，冯明. 金融市场风险及其交叉传染：成因、路径与对策［J］. 银行家，2019（5）：106 - 109.

外汇市场在 2015 年汇率制度改革以后持续出现价格泡沫，是因为受到我国的国际经济地位以及国内货币政策的影响。一方面，国际主流货币的持续走强，为我国人民币贬值带来较大压力。我国属于新兴市场国家，与发达国家相比仍存在不少的差距。美元持续走强，促使我国货币贬值压力较大；同时，我国国内经济转型升级还未完全实现，还有较大的产业升级空间，还需要通过出口进一步带动经济发展，完成产业转型和升级。人民币贬值可以增加出口，促进总产出，有利于促进国内经济发展。另一方面，人民币汇率市场的表现受到国内货币政策的影响。国内外货币政策的联动是人民币汇率波动的重要特征，我国属于大型开放经济体，汇率变动不仅受到相对经济地位的影响，还受到本国货币政策的影响。当国内采取宽松型货币政策时，利率降低，国际投资者倾向于卖出人民币，促进汇率贬值，从而形成本外币的联动现象。对我国而言，通过货币政策实现经济增长和转型发展的要求一直以来没有放松过，2008 年后，结构性货币政策在世界主流经济体的蓬勃发展也侧面印证了世界各国对货币政策承担经济恢复和结构性调整的作用。从而，总量稳健、结构性宽松的货币政策成为我国货币政策取向的首选。2018 年以来，一直引导信贷资源流向实体经济，为此配套出台的定向降准、定向中期借贷便利以及发行中央银行票据等政策措施，都保证了货币政策对实体经济的大力支持。这一系列措施反映在外汇市场上，造成人民币贬值压力，促使汇率贬值并产生资产价格泡沫。

外汇市场的价格泡沫风险还表现为以美元为代表的外币资产的泡沫风险。对我国而言，以美元债券的方式进行国外投资的金额和体量较大，容易受到国内信用债券风险的影响，因此应予以重视。我国自 2015 年实施外汇市场改革以来，外汇市场的风险变动明显受到国内市场的影响，特别是在国内信用违约频发的背景下，国外投资者对中资美元债的偏好降低，导致风险提升。2019 年以来，汇率风险主要表现为中美贸易摩擦带来的人民币币值的波动，从而对国内民众的心理预期造成影响，进而可能引发人民币预期大幅贬值，从而带来汇率风险。人民币的本外币联动，特别是 2019 年 5 月以来中美贸易摩擦升级，汇率波动及其风险受到大家的关注。2019 年 5 月 23 日，国务院金融稳定发展委员会办公室表示，汇率对市场预期的反应是市场经济的内在逻辑，也是汇率发挥宏观经济和国际收支"自动稳定器"作用的体现，尽管汇率市场出现一些超调，但市场状况总体是平稳的。下一阶段国内外形势复杂，涨跌因素都有，但我国主要宏观经济指标都保持在合理区间，宏观杠杆率基本稳定、财政金融风险总体可控，国际收支大体平衡、外汇储备充足，良好的经济基本面将继续为人民币汇率提供可靠支撑。

4.4 股市、债市与汇市泡沫的交叉传染特征分析

由于资产价格泡沫会表现为多种形式，那么这些价格泡沫就会在不同资产市场之间进行交互传染。由此，一方面要系统识别出资产价格泡沫，另一方面还需要了解不同形式资产价格泡沫之间的传染特性，才不至于在控制了一种价格泡沫的同时反而催生了另一种资产的价格泡沫，才能够系统而有效地进行金融风险管控。也即，洞悉资产价格泡沫的演化规律不仅需要对各种类型的资产价格泡沫进行精准识别，还需要对资产价格泡沫之间是否存在交叉传染行为展开研究，以便更精准地制定政策以治理资产价格泡沫。

4.4.1 资产价格泡沫交叉传染的主要表现形式

金融风险防范复杂且造成的危害极大，某个金融产品、金融主体或者细分金融市场单个的风险容易交叉传染至其他金融产品、其他金融主体或者其他金融市场，形成风险的交叉传染，导致点风险向面风险的扩散。当前以泡沫为代表的金融风险交叉传染主要有以下表现形式。

（1）债券市场信用违约风险扩大，相互传染，并可能会进一步导致流动性风险。债券市场的信用违约风险会导致中小评级企业发债成本上升，推升融资成本，增加融资主体的还本付息压力。特别是当某个债券发生违约风险后，其他债券也会出现流动性下降或者提前到期，为其他债券持有人造成流动性压力，在更大范围内造成信用风险和流动性风险。同时，某个市场主体的信用违约现象会导致市场情绪的转变，进而演变为行业性、区域性的信用危机。加之，大部分商业银行在此时点对该企业或行业抽贷断贷，债券和非标资产难以形成市场交易，形成区域和行业性的流动性危机。

（2）银行表外资产大面积抛售导致资管市场风险扩大和传染。据估计，银行表外理财产品通过非标途径投向实体经济的规模已经超过了10万亿元。2018年4月，资管新规出台，对金融机构管理非标资产做出了明确的规定，使金融机构加大了处置非标资产的力度和计划。当时，金融机构的集体行为容易导致大面积踩踏事件的发生，既对非标资产对应的经营实体造成冲击，也会导致非标资产系统性的估值下调，引发资管市场的流

动性风险和信用风险。

（3）股票市场、债券市场形成风险联动，造成交叉传染。股票市场上大部分企业股权质押，这一情况在股价上升阶段还可以维持；当股价下跌触及股权质押融资平仓线时，则会引起公司控制人变化和经营风险。同时，公司经营风险增大引起债权人资产价值做出相应调整，使其市场价值下跌，引起债券市场的信用风险和流动性风险。同样地，当债券市场上的违约风险爆发，会导致发债主体的股权估值下调，同时，根据相关监管规定，当股权估值下调时，股票发行主体应立即补充仓位，进一步增强企业资金流动性紧张。同时，在房地产领域，股债市场的联动性体现得更为明显。房地产不仅是大量企业进行贷款和发行债券的抵押物，也是很多上市公司资产负债表上的重要资产类别，若房地产价格下跌幅度过大，债券抵押物价值和股票价格的支持受到影响，也会引起我国股票市场和债券市场的风险联动和扩散。

（4）国内外金融风险相互传染，汇率贬值预期和资本跨境流出相互加剧。越来越多的市场主体同时在境内外进行融资，其中绝大部分是国有企业、地方政府融资平台以及大型民营企业。具有较大影响力的市场主体的内外部融资行为使得国内市场的信用违约影响迅速传导至海外市场，进一步影响国际投资者对美元债券的风险预期和判断，从而使汇率风险和跨境资本流动风险交叉传染。

4.4.2 股市、债市与汇市泡沫交叉传染的理论机制

基于不同金融市场交易以及资产价格泡沫的特点，不同市场之间的资产价格泡沫传染机理有所不同，且具有不同的特点。具体表现为，债券市场价格泡沫可以向股票市场和外汇市场传染，股票市场价格泡沫可以向外汇市场传染；但反之则不可行。

（1）债券市场存在的价格泡沫可以传染至股票市场。债券市场的价格泡沫持续存在，并可以通过货币资金在不同市场主体之间的再配置，形成债券资产泡沫向股票市场泡沫的传染。一方面，从宏观市场分析来看，债券资产能够作为抵押品，使其成为扩张货币信用、引起股票市场价格泡沫的重要特质。债券资产可以作为货币政策传导中的抵押品，债券资产价格升高，导致金融市场和信贷市场交易中的抵押品价值升高，交易者可以更便捷地在金融市场和信贷市场上获得敞口更大的信用资金，从而扩张货币信用。在其他条件不变的情况下，更多的货币资金流向股票市场，进一步推动股票市场资产价格上涨，促成股票价格泡沫。另一方面，从微观市场

分析来看，社会公众预期股票走向，往往会参考同一主体持有的债券价格走向，形成债券市场和股票市场的联动。我国债券资产按照发行主体分为政府债券、金融债券以及公司（企业）债券，其中政府债券主要包括国债和地方政府债券；金融债券由银行和非银行金融机构发行；公司债的发行主体是上市公司，可在证券交易所上市交易，企业债的发行主体是中央政府所属部门、国有独资企业以及国有控股企业，体现的是政府信用。从交易主体来看，债券资产的持有主体除了金融机构就是公司，当债券市场存在泡沫时，公司债券价格暴涨，连带着社会公众对公司信用评估等级提高，预期向好，进一步促成该公司股票价格上涨，形成股票价格泡沫。

（2）股票市场的泡沫并不会传染至债券市场，这是因为不同市场之间的价格泡沫传染其实传递的是货币资金和信息，但不论是资金还是信息传递都遵循着既定的规律。

从货币资金的传递来看，货币资金的传递总体上依据货币政策的传导机制，从中央银行至商业银行，从商业银行至实体经济；在传递途径上，从货币市场向债券市场，再从债券市场向信贷市场，债券市场和信贷市场的资金可以再传递至股票市场。这是因为股票市场的参与人是企业和社会公众，而债券市场和信贷市场对应的交易主体也包含了企业和个人，从而存在着债券市场和信贷市场向股票市场的资金传递。从信息的传递来看，信息传递遵循受信息影响较小的市场向受信息影响较大的市场传递的规律；但反向传递不可行。这是因为，信息传递信号仅具有单向作用，难以反向追溯。特别是某一市场的资产价格受到较多信息的影响，当这一资产价格发生变动时，难以传递至受信息影响较小的资产市场。由此，债券市场的价格泡沫可以传递至股票市场，但由于股票市场处于债券市场资金传递的下游方向以及受信息的影响较债券市场较大，股票市场的价格泡沫难以传染至债券市场。

（3）股票市场存在的价格泡沫可以传染至外汇市场，但外汇市场的泡沫并不会传染至股票市场。股票市场存在的周期性价格泡沫会传导至外汇市场，这是因为两者之间的关联效应以利率为中介进行传导。利用戈登模型和利率平价理论分析该传导机制。$P = D/(i - g)$，其中，P 为股票价格；D 为预期的下一期每股股息；i 为贴现率；g 为股息年增长率。从风险溢价的角度来看，股票市场的风险较大，远高于货币市场，从风险和收益相匹配的原则来看，股票市场收益率应高于货币市场。因此，贴现率 i 包含两部分，货币市场利率 r，股票的风险溢价报酬 σ，即 $i = r + \sigma$，戈登公式可变换为 $P = D/(r + \sigma - g)$。同时，根据利率平价理论，开放经济条件下，一国货币市场利率高于（低于）外国货币市场利率的差额最终与本国货币的远期贴水（升水）相等。用公式表达为 $r = \delta + f$，其中：r 依然为一国货币市场利率，δ 为外国货币市场利率，f 为本国货币相对外国货币预期贬值率。根据以上公式，$P = D/(\delta + f + \sigma - g)$。从该公式可看出，一国货币预期贬值与股票市场价格具有反向关系，即该国股票市场价格指数上涨会导致一国货币预期贬值，从而通过利率传导实现股票市场价格泡沫向外汇市场价格泡沫的传染。

与前述分析类似的是，股票市场受到的信息影响较外汇市场（还受到国外经济形势的影响较大）而言较小，且从货币政策传递方向来看，外汇市场处于股票市场的下游。因此，股票市场的价格泡沫会传染至外汇市场，但外汇市场的价格泡沫不会传染至股票市场。

（4）债券市场存在的价格泡沫可以传染至外汇市场，但外汇市场的泡沫并不会传染至债券市场。债券市场的价格泡沫传染至外汇市场主要是通过企业资产在不同金融市场之间的配置来完成的。随着我国综合国力的强大、经济快速发展以及对外开放程度的不断提高，国内企业和机构在境外投资以及投资外币资产的投资行为越来越普遍。在此背景下，债券市场的资产价格泡沫容易通过企业的资产再配置行为传递到外汇市场上，具体地，债券价格走高，企业抵押品价值提高，能够获得更多资金投资于外汇市场，从而引起外汇市场价格走高，进而形成资产价格泡沫。

与前述分析类似的是，债券市场受到的信息影响较外汇市场而言较小，且从货币政策传递方向来看，外汇市场处于债券市场的下游。因此，债券市场的价格泡沫会传染至外汇市场，但外汇市场的价格泡沫不会传染至债券市场。

4.5 股市、债市与汇市泡沫交叉传染特征的实证检验

为更有效地防范资产价格泡沫引发的系统性金融风险，一方面要基于资产价格泡沫视角识别出不同类型金融市场蕴含的金融风险；另一方面还需要了解资产价格泡沫的交叉传染特征，才不至于在控制了某一类型资产价格泡沫的同时反而催生了另一类型资产价格泡沫，才能够系统而有效地治理资产价格泡沫。进而，本书在有效识别中国股市、债市以及汇市泡沫的基础上，进一步对资产价格泡沫的交叉传染特征进行了分析。借鉴梁琪等（2015）以及宫晓莉和熊熊（2020）的研究，采用迪博尔德和耶尔马

兹（Diebold and Yilmaz，2012）提出的信息溢出方法展开分析。该方法解决了正交分解结果对变量次序依赖的问题，不仅可以衡量单个市场资产价格泡沫的方向性溢出指数，还可以测度泡沫传染的强度与规模，进一步通过样本滚动分析资产价格泡沫在股票市场、债券市场与外汇市场交叉传染的时变特征，以便金融监管机构精准施策。

首先，基于对股市泡沫、债市泡沫与汇市泡沫的识别结论，令三大市场蕴含的泡沫分别为 $x1_t$，$x2_t$，$x3_t$。

在变量均平稳的前提下，建立如下 N 维 VAR 模型：

$$X_t = \sum_{i=1}^{p} \Phi_i X_{t-i} + E_t,\ t = 1,\cdots,T \qquad (4.18)$$

其中，X_t 为 N 维列向量，$X_t = (x1_t, x2_t, x3_t)'$；$E_t$ 是 N 维列向量，不存在序列相关性，但各个分量之间可以同期相关，$E_t \sim i.i.d. N(0,\Omega)$，$\Omega$ 为协方差矩阵。式（4.18）的移动平均形式可以表示为 $X_t = \sum_{i=0}^{\infty} A_i E_{t-i}$，系数矩阵 A_i 服从如下递归公式：$A_i = \sum_{j=1}^{p} \Phi_j A_{i-j}$。其中，$A_0$ 为 N 阶单位阵，且 $i < 0$ 时 $A_i = 0$。

方差分解方法度量了 VAR 系统中内生变量预测误差的方差由不同信息冲击影响的比例，可以揭示一个变量的运动轨迹在多大程度上是由于自身或系统中其他变量的冲击。变量 x_i 的 H 步预测误差中由变量 x_j 信息所解释的比例为 $\theta_{ij}(H)$，即：

$$\theta_{ij}(H) = \sigma_{ii}^{-1} \sum_{h=0}^{H} (e'_i A_h \Omega e_j)^2 \Big/ \sum_{h=0}^{H} (e'_i A_h \Omega A'_h e_i)^2 \qquad (4.19)$$

其中，Ω 为式（4.18）中 E_t 的协方差矩阵，σ_{ii} 为 Ω 的第 i 个对角元素；e_i 为选择列向量，第 i 个元素为 1，其余元素均为 0。在广义方差分解下，$\sum_{j=1}^{N} \theta_{ij}(H) \neq 1$，可以采用行加总的方式进行标准化处理，可得：$\tilde{\theta}_{ij}(H) = \theta_{ij}(H) \big/ \sum_{j=1}^{N} \theta_{ij}(H)$，$\tilde{\theta}_{ij}(H)$ 代表了市场 j 对市场 i 的传染强度。

为了衡量资产价格泡沫的交叉传染行为，可构建总体传染指数 $S(H)$，用以揭示市场间信息溢出贡献对股市、债市与汇市构成的系统变动的影响比例。

$$S(H) = 100 \times \sum_{i,j=1, i \neq j}^{N} \tilde{\theta}_{ij}(H) \Big/ \sum_{i,j=1}^{N} \tilde{\theta}_{ij}(H) = 100 \times \sum_{i,j=1, i \neq j}^{N} \tilde{\theta}_{ij}(H) \Big/ N$$

$$(4.20)$$

方向性传染指数测度单个类型资产价格泡沫受其他市场传染和对外的传染程度,反映了单个市场的总体传染规模。

$$S_{i\cdot}(H) = 100 \times \sum_{j=1,j\neq i}^{N} \tilde{\theta}_{ij}(H) \qquad (4.21)$$

$$S_{\cdot i}(H) = 100 \times \sum_{j=1,j\neq i}^{N} \tilde{\theta}_{ji}(H) \qquad (4.22)$$

其中,$S_{i\cdot}(H)$衡量资产价格泡沫由其他市场向市场i的传染强度;$S_{\cdot i}(H)$度量资产价格泡沫由市场i向其他市场的传染强度;$S_{\cdot i}(H)$与$S_{i\cdot}(H)$之差表示市场i的净传染指数。总体传染指数$S(H)$、方向性传染指数$S_{\cdot i}(H)$与$S_{i\cdot}(H)$将方差分解结果浓缩成指数,但是两个市场资产价格泡沫之间的相互传染情况可以提供更多的信息。因此,将两个市场的$\tilde{\theta}_{ij}(H)$结果列示在一个类似"投入—产出"的表格中(Diebold and Yilmaz,2014),就可以得到资产价格泡沫跨市场传染特征。如表4.4所示,左上方$N \times N$的矩阵是方差分解表,其第i行第j列元素为$\tilde{\theta}_{ij}(H)$;最后一列为其他市场对某个市场的总体传染性,即方向性传染指数$S_{i\cdot}(H)$;倒数第二行给出了单个市场资产价格泡沫对其他市场的信息溢出,即方向性传染指数$S_{\cdot i}(H)$;最后一行是包括对自身贡献后的传染性。右下角为总体传染指数$S(H)$。$S_{i\cdot}(H)$和$S_{\cdot i}(H)$分别为取值在$[0,1]$和$[0,N]$上的单变量分布,即单个市场接受其他市场资产价格泡沫传染的理论上限为100%,但单个市场对其他市场预测误差方差贡献之和的理论上限为$100\% \times N$(Diebold and Yilmaz,2014)。

本书主要综合股票、债券与外汇市场资产价格泡沫的典型事实分析其交叉传染特征,样本期间为2008年6月~2021年12月;以$x1$,$x2$,$x3$分别代表滚动估计下样本期内的股票市场、债券市场与外汇市场蕴含的泡沫风险。此外,鉴于信息溢出指数是构建在VAR模型基础之上进行分析,因此,本书对$x1$,$x2$与$x3$的平稳性进行了检验,发现在5%的显著性水平下,均满足平稳性条件,且变量之间存在协整关系,可以建立VAR模型。参考迪博尔德和耶尔马兹(Diebold and Yilmaz,2012)的做法,首先基于SC准则建立2阶VAR模型,采用了前向12个月预测误差方差分解,同时为研究资产价格泡沫交叉传染的时变特征,以36个月度的观测区间作为滚动窗口,通过滚动样本来分析资产价格泡沫的交叉传染特征。基于滚动窗口得到的时变参数可以有效描述传染效应的非线性特征(Diebold and Yilmaz,2014)。具体结果如表4.4所示。

表 4.4	资产价格泡沫跨市场传染特征			单位:%
	股票市场	债券市场	外汇市场	来自其他市场的传染效应
股票市场	68.67	21.12	10.21	31.33
债券市场	12.23	75.05	12.72	24.95
外汇市场	21.71	20.78	57.51	42.49
对其他市场的传染效应	33.94	41.90	22.93	98.77（总传染指数）
包含自身的传染效应	102.61	116.95	80.44	32.92（平均传染指数）

由表 4.4 可知，泡沫由股市传染至债市和汇市的强度分别为 12.23% 和 21.71%，来自债市和汇市的传染强度分别为 21.12% 和 10.21%；泡沫由债市传染至股市和汇市的强度分别为 21.12% 和 20.78%，而由股市和汇市向债市传染的强度为 12.23% 和 12.72%；泡沫由汇市传染至股市和债市的强度分别为 10.21% 和 12.72%，被股市和债市传染的强度分别为 21.71% 和 20.78%。上述实证结论表明，资产价格泡沫存在跨市场传染特征，金融监管机构需要重视防范化解资产价格泡沫的交叉传染。从资产价格泡沫跨市场传染行为的结构性特征可知，股票市场更容易被债券市场而非外汇市场蕴含的泡沫所波及，对外汇市场的传染强度大于对债券市场的传染强度；债券市场相对独立，受外部市场的影响最小，而对其他市场的影响最大；泡沫更容易由股票和债券市场传染至外汇市场，反之，外汇市场的泡沫对股票与债券市场的传染强度较小。

进一步通过样本滚动方法得到资产价格泡沫的跨市场传染总指数，对资产价格泡沫在股市、债市与汇市跨市场传染行为的时变特征进行描述，如图 4.10 所示。

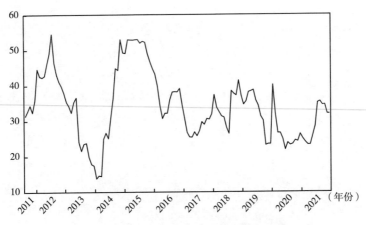

图 4.10　资产价格泡沫跨市场传染的时变特征

可以看出，样本期内，资产价格泡沫在股市、债市与汇市的交叉传染行为呈现明显的时变特征，总体上表现为周期性波动，且波动幅度收窄。自 2011 年 8 月起，跨市场传染特征日益明显，在 2012 年 7 月达到样本期内的波峰值，总体传染指数达到 55%，之后迅速下降至 2014 年 1 月的波谷值 14%，自 2014 年 2 月 ~2017 年 3 月，再次经历类似的上升与下降阶段，但波幅收窄；2017 年 3 月 ~2021 年 12 月开始在 22% ~41% 区间内窄幅波动，资产价格泡沫的跨市场传染行为得到明显遏制。

第5章 股市、债市与汇市泡沫的治理

党的十九大报告明确提出，健全货币政策和宏观审慎双支柱调控框架，在保持币值稳定的同时促进金融稳定，提高金融调控的有效性，切实维护金融稳定和国家安全。我国的经济危机，特别是资产价格泡沫破裂危机发生得较少，研究比较多的是以股票和房地产为载体的资产价格泡沫。随着以不同市场交易物品为载体的资产价格泡沫的破裂，货币政策目标开始发生转变，从仅仅关注经济增长和通货膨胀，转而开始兼顾金融稳定政策目标。资产泡沫形成的根本原因是实体经济盈利能力差，难以有效吸纳资金，从而导致资金流向交易资产，并随着市场投机和追随者的买高逐低和"羊群效应"，形成非理性的资产价格上涨。与此同时，金融深化的不断发展、金融创新产品和服务的层出不穷，为市场交易者通过追加杠杆等手段追逐资产价格提供了契机，进一步加大金融体系的脆弱性，助长资产价格泡沫破裂并产生金融危机。随着金融供给侧结构性改革的深入，实体经济转型成功，对资金的需求有效释放，进一步引导资金从房地产等部门向实体经济转移。在此背景下，关注资产价格泡沫，并将泡沫危机的防范和化解作为中国人民银行的重要职责和政策制度设计目标具有重要的实践价值和现实意义。

5.1 双支柱调控政策治理股市、债市与汇市泡沫的理论分析

5.1.1 货币政策影响股市、债市与汇市泡沫的异质性分析

随着资本市场的不断发展，货币政策与资产价格的联系不断加强，资产价格由膨胀到破灭产生的急剧变化会引发经济的长期衰退和通货紧缩，对经济体系和物价稳定造成较大伤害。在货币政策是否应该关注资产价格

泡沫的问题上，有两种不同的声音，一种观点认为资产价格包含交易者对未来经济增长的一种预期，因此，资产价格上涨可以作为通货膨胀的衡量指标，货币政策关注通货膨胀，那么也应该对资产价格进行关注。另一种观点认为资产价格是一种非理性预期行为，而公众的非理性行为是难以进行控制和调节的，因此，货币政策应该关注实体经济、货币供求以及利率水平等，货币政策不应也没有能力关注资产价格泡沫。

而从现实情况出发，对我国这样的新兴市场经济国家，经济发展处于转型关键期，各方面都需要金融体系资金的支持，资本市场尚不发达，难以有效配置资金，资产价格的波动幅度普遍较大。在某一领域形成资产价格泡沫，那么必定挤占了其他领域的资金供给，不利于经济转型发展；同时，普通投资者不具有理性预期的心理素质和应对能力，一旦资产价格泡沫破裂造成预期下降以及投资信心下降，将对经济体系造成重大伤害。因此，资产价格泡沫问题应予以高度关注。

货币政策对资产价格的影响效应主要有托宾 Q 理论、资产负债表效应等。（1）托宾的 Q 理论指出，当股票的市值相对重置成本较高时，通过发行少量股票便可获得新的投资，当扩张性货币政策降低市场利率时，股票吸引力增强，股票需求增加，股价上涨；当货币政策进一步释放流动性时，更多的资金积聚在股票市场，促进股价大幅膨胀并进而形成价格泡沫。（2）资产负债表效应指的是扩张性货币政策引起股价上升后，企业净市值增加，抵押品价值增多，可以从银行获得更多的信贷投放，企业投资支出增加。在现实经济中，企业具有最优收益的资产负债比率，这一资产负债比率的数值与企业的综合负债成本息息相关。当企业的综合负债成本小于项目的投资收益率时，企业利用银行信贷进行投资，能够获得净盈利；当企业从银行信贷获得的资金用于项目投资的收益小于企业的综合资金成本时，企业举债投资难以覆盖收益，不仅不能获得盈利，还要通过进一步举债支付信贷资金利息，从而导致资产负债比率进一步提高，企业债务风险逐步积累，在资金流动性紧张时，触发企业债务风险。进一步影响企业的股价、债券发行等，形成股市和债市泡沫，两者的交叉传染导致风险进一步扩散、传染，有可能引发系统性风险。

数量型货币政策调控对资产价格泡沫的影响在于无法有效控制资产价格泡沫的产生以及膨胀。在当前我国货币政策由以数量型为主向以价格型为主的货币政策转型过程中，数量型货币政策工具以及调控模式依然对实体经济具有重要影响。具体结合中国国情，由于国有企业、地方政府平台等具有财务软约束特征的企业存在，使得这些企业从银行借贷时对信贷利率并不敏感，从而也削弱了利率调控的有效性。在上述约束下，应用数量型货币政策调控，直接对投入实体经济的货币供应数量进行调控，从而间接约束财务软约束企业的信用扩张，在实践中具有较好的成效。因此，当经济体中不存在通货膨胀，但有部分领域存在资产价格上涨的情况，特别是金融资产市场以及房地产市场，此时，尽管中央银行实行稳健的货币政策，在总量上保持与 GDP 增速相匹配，但并不能阻止大部分资金通过商业银行或者影子银行体系的信用创造进入资产价格上涨的领域，从而催生资产价格泡沫。以国有企业为主体的大型房企主导的房地产领域就存在财务软约束特征，从而将银行的表外业务以及影子银行体系作为资金通道，通过加杠杆的形式将信用资金融入房地产领域，推动房地产市场价格的进一步上涨和膨胀。

价格型货币政策对资产价格泡沫的产生和破灭会产生乘数效应的影响，能够助推资产价格泡沫并能够加速泡沫的破灭。价格型货币政策主要通过调整市场利率在政策利率以及利率走廊之间合理波动，并通过市场利率向债券市场、信贷市场的利率传导从而影响实体经济。利率是资金的价格，在一定程度上助长了资产价格泡沫的膨胀和破灭。在资产价格膨胀期，当利率（资金成本）低于资产价格上升获得的收益时，繁荣的金融市场使得扩张信用、加杠杆成为必然，从而推动资产价格进一步上涨。此阶段，资产投机者的赚钱逻辑是，只要利率低于资产预期出售获得的收益，投机者就有动机从金融体系融入资金，投入到资产市场上。因此，过低的利率成为推动投机者不断融入资金，提高杠杆、推升资产价格泡沫的有利因素。当政策决策者意识到资产价格上涨过高，想要通过提高利率抑制资产价格泡沫膨胀，则会导致资产价格泡沫的快速破灭。这是因为提高利率的政策手段本意在于降低资产投机者的预期收益，抑制资产价格膨胀。但由于资产市场大部分资金都是通过加杠杆的方式获得，对于利率成本的提高，反应过于敏感，加之资产市场本身极易受到投资者非理性预期的影响，利率提高很可能成为刺破资产价格泡沫的钢针。

现行不论是以数量型为主抑或是以价格型为主的货币政策调控，对资产价格泡沫的产生和膨胀产生的积极作用有限，甚至还会产生负面作用。这主要是由货币政策的目标、传导机制以及现行的监管设置框架决定的。

（1）货币政策无法对某一经济领域较多的资金流入进行控制，尤其是在金融资产以及房地产市场上。这一点是由我国的货币政策目标决定的，我国的货币政策目标是对货币供应总量进行调节，保持与经济增速相匹配，即货币供应量与名义 GDP 增速相符合。尽管现有研究通常将我国的货币政策目标列为经济增长、物价稳定、充分就业以及国际收支平衡，但从政策重点以及与本书研究的相关性来看，经济增长和物价稳定是货币政策多目标中较为重要的目标，即货币供应量与 GDP 增速相适宜。稳健的货币政策要根据经济增长以及价格形势变化预调微调，满足经济运行在合理区间的需要。从这点上可以看到，在执行层面，货币政策的主要目标在于与经济增长步调一致，并维持物价稳定。货币政策归根到底是一种总量型政策，可以对满足大众消费需求的物价水平进行调控，但对因为过量资金流入导致某一领域资产价格上涨的现象束手无策。这也导致在物价保持基本稳定的情况下，会有部分资产价格上涨甚至出现价格泡沫的情况出现。这也是实行货币政策和宏观审慎政策双支柱调控框架的初衷所在。

（2）货币政策调控都是从资金供给端进行调节，但产生资产价格泡沫的原因恰恰是短期内对资产的强烈需求，资金供给端的控制并不能很好地传导至供需矛盾的资产领域，只会进一步催生资产价格泡沫。这一点是货币政策传导机制决定的。货币政策传导机制离不开资金供给和需求分析。我国实行二级银行制度，货币政策传导经历"中央银行—商业银行—实体经济"这一过程，因此，中央银行并不能直接控制实体经济中需要的货币供应总量，需要与商业银行一起进行信用创造，满足实体经济需求。中央银行向商业银行贷出基础货币，也就是通过再贷款、再贴现，以及公开市场操作等向商业银行进行一级信用创造，商业银行向政府、企业和消费者通过向投资、消费发放贷款的方式进行二级信用创造。如前所述，商业银行的信用创造能力数倍于中央银行投放的基础货币，可看作是存款准备金率的倒数倍数。商业银行的信用创造并不完全受到中央银行的控制，而是受到经济体系结构的影响，哪里有收益，哪里就有信用创造。因此，中央银行在基础货币端进行的资金供给的控制，并不能很好地传导至供需出现矛盾的资产领域。资产价格泡沫上涨很大原因是投机需求过剩导致资金过量流入导致的。特别是金融资产市场以及房地产市场，非常容易出现货币政策对其束手无策的情况。当经济体保持物价稳定，经济某一领域出现价格上涨，资产投机者会产生大量的信用创造需求，通过商业银行体系膨胀银行信用，并进一步将信用资金流入资产领域，从而推动资产价格泡沫膨胀。

（3）信用创造是资产价格泡沫膨胀的重要推手，在当前影子银行盛行的金融机构体系下，制定货币政策的中央银行并不能实现对信用创造的完全监管，不能遏制流入资产领域的泡沫资金，从而无法有效应对资产价格泡沫。我国间接融资体系发达，商业银行的类别设置齐全且数量众多，从政策性银行、大型商业银行、股份制商业银行以及城市商业银行、农村金融机构等不一而足。在庞大的银行机构和银行业务外，还附着大量以规避监管为目的的类银行机构和类银行业务。这些机构和业务从事的也是与银行相似的业务，通过利差赚取收益，但并不受到中央银行的监管。如大量的表外业务、结构性存款等业务，以及保险、证券、基金等多种金融机构设置。这些类银行机构和业务的存在，以及这些不同机构之间金融资产的交叉和扩张，成倍地扩大了信用杠杆扩张的量级，为推动资产价格上涨和膨胀提供了重要的通道和方式。不论是学术界还是政策制定部门，都对影子银行的作用给予了重要的关注和思考，也从侧面反映了影子银行体系在我国金融业务发展以及实行货币政策目标中的重要影响。该类机构体系业务发展并不直接受到中央银行监管，由此产生的信用创造也不完全能够按照货币政策的意图流入实体。这一部分的资金极有可能在资产投机需求旺盛以及监管不健全的情况下，流入资产投机领域，助长资产价格泡沫。

（1）货币政策对股市泡沫的影响分析。现实流通中所需要的货币供应量等于媒介商品流通的货币与媒介金融市场流通的货币之和，即 $M = P_c Y_c / V_c + P_f Y_f / V_f$。因此，以股票为代表的金融市场所需要的资金受到货币供应总量以及媒介商品流通货币量的影响。一直以来，我国商品市场上并不存在严重的通货膨胀，但货币供应量一直呈现较快增长态势，全国 CPI 年增长率在 2012～2022 年分别为 2.6%、2.6%、2.0%、1.4%、2.0%、1.6%、2.1%、2.9%、2.5%、0.9%、2%；相应地，M_2 年增长率分别为 13.8%、13.6%、12.2%、13.3%、11.3%、8.2%、8.1%、8.7%、10.1%、9%、11.8%。即便考虑到货币供应量对经济增长的支撑，2012～2022 年 GDP 增速分别为 7.9%、7.8%、7.3%、6.9%、6.7%、6.8%、6.6%、6.1%、2.3%、8.1%、3%，以 M_2 为代表的货币供应量增速也显著高于 CPI 与经济增速之和，且这一特征在 2012～2016 年非常明显。随着 2017 年中央银行对影子银行等监管的趋严，居民加杠杆和金融机构嵌套资金减少，2017 年和 2018 年的货币供应量有所减少。2020 年受疫情冲击影响，一方面 GDP 增长趋缓，消费能力下降；另一方面需要为各项民生支出保障资金供给，M_2 增速上升。那么，剩余的货币资金去哪了，是否流入了金融市场？实际上，以股票为代表的金融市场一直成为过量资金涌入的领域，为扩大内需的货币资金没有进入商品流通领域，提升物价水平，反而进入金融资产领域，催生了以股票为代表的金融资产价格上涨。在这一过程中，货币资金的价格即通常的利率，也发挥了较强的杠杆作用。当投资者预期通过股票买卖获得的差价收益超过了从银行借贷所获得资金成本，便进一步增强了货币资金向股票市场的流入，从而助长股票资产价格泡沫。同时，较低的利率使储蓄者预期收益减少，减少了消费，从而进一步凸显了股票投资的收益，居民出于弥补损失以及获得收益的双重动机，将货币资金投入股票市场；企业以较低利率获得资金，当有效需求不足，企业进行实体投资的动机较弱时，企业通过银行信贷借入的资金也投入股市，从而推动股票价格泡沫进一步膨胀。居民和企业这种争先将货币资金投入股票市场的行为引发"羊群效应"，导致了股票市场价格上涨的自我实现。

从股票市场的资金流入看，股票市场上的资金只有真正进入实体投资领域，才能够创造价值。货币资金进入股票一级市场，仅仅完成了从资金富裕者向资金缺少者的转移，即便进入股票二级市场交易，交易双方的买入卖出行为并不改变货币资金总量和股票总量，因此，也不创造价值。此外，我国企业发行股票的重要目的之一是改革公司治理结构，加之有效需求不足，许多公司发行新股和配股筹集的资金又再次以委托投资、参股券商、战略配售等方式进入股票市场，进一步推动股票价格泡沫的膨胀。与其他国家和地区不同的是，注册制实行之前，我国股票市场存在一级市场和二级市场的无风险收益差。长期以来，我国股票发行价格一直远远低于二级市场的价格水平，过多资金囤积在股票一级市场以获得在二级市场进行交易获得的无风险收益差。此种现象进一步强化了货币资金向股票市场的流入。

根据以上分析，在实体投资有效需求不足的情况下，货币供应量的扩张会大部分进入股票市场，催生资产价格泡沫。同时，较低的银行利率又进一步推动企业、居民从银行贷入资金投入股票市场，助长资产价格泡沫膨胀。在此种情况下，数量型调控和价格型调控对股票市场价格泡沫的影响机制不同。

货币政策的数量型调控对抑制股票市场价格泡沫无效。货币政策的数量型调控仅对货币供应总量进行调节，且在保持物价稳定的同时，要与经济增速相匹配。尽管我国降低经济增速目标，经济发展阶段由高速增长阶段向高质量发展阶段转型，但货币供应量总体仍远高于物价稳定所需要的资金总量。同时，我国经济正处在转型发展时期，以房地产、基建为代表的投资带动模式亟待转型，新动能培育不足，一时难以找到可以吸纳大量资金的产业发展模式。在此种情况下，大量货币资金进入股票市场，推动资产价格上涨和膨胀，助长了资产价格泡沫。

货币政策的价格型调控能够有效抑制股票市场价格泡沫。货币政策的价格型调控主要通过利率传导发生作用。长期以来，我国银行贷款利率较低，其本意在于降低企业融资成本，鼓励储蓄转化为投资。但较低的基准利率设置又为套取银行资金从事资产投机创造了条件。我国股票市场上投资者具有非理性行为特征，"羊群效应"特征明显，股票成为吸引大量资金流入、赚取买卖差价的重要领域。在此情形下，通过提高银行利率，提升企业融资成本，企业净利润降低，股票收益减少，居民投资股票的资金成本上升，从而抑制股票市场价格泡沫。

（2）货币政策对债市泡沫的影响分析。从货币流向来看，资产价格泡沫产生的根源是过多的货币流入了资产领域，当资产数量不能在短时间内增加时，资产价格上涨甚至形成泡沫。从我国货币政策的传导过程来看，债券市场极易形成资产价格泡沫，数量型调控和价格型调控对债券市场价格泡沫传染无效。

从货币政策的数量传导来看，中央银行对经济体系中所需货币供应量的控制主要通过直接渠道和间接渠道。直接渠道是中央银行直接对商业银行进行再贷款，商业银行同时向央行存入存款保证金；商业银行利用再贷款资金形成社会体系中需要的信用贷款。间接渠道是中央银行在货币市场上进行公开市场操作，以市场交易的方式向一级交易商投放基础货币。这样，不但可以调剂不同金融机构之间基础货币的使用效率，同时加强了央行对货币资金价格的控制力度，有利于货币政策传导效率的提高。随着利率市场化进程的推进，以及基准利率和市场利率的并轨，间接渠道发挥着越来越重要的作用。债券市场的发展离不开货币政策间接传导机制的建设，债券市场资产价格波动或者价格泡沫的形成更与货币政策传导息息相关。

目前，我国正处于数量型调控向价格型调控转型的关键时期，价格型调控主要依赖于金融市场之间的传导。具体而言，货币市场向债券市场的传导，可以实现货币价格（利率）由短期向长期的传导，债券市场向信贷市场的利率传导却受到金融机构盈利模式及组织机构设置的影响。从央行货币政策传导的意图来看，希望通过货币市场上的公开市场操作并依次通过政策利率向市场短期利率、市场长期利率的传导，利用公开市场操作调节商业银行基础货币，从而控制货币供应量。我国债券市场以场外的银行间交易市场为主，以商业银行、农村信用联社、保险公司等为主体，交易种类以国债、地方债和政策性金融债券为主。债券市场在金融市场资金数量和价格传导中发挥着重要作用，特别是短期限债券向长期限资金的传导受阻容易滋生泡沫。对商业银行而言，利用成本较低资金，投资于收益较高的资产，获得利差是其盈利的主要表现方式。正因如此，债券市场向信贷市场的货币政策传导在商业银行的盈利模式以及组织机构设置上受到阻碍，不仅阻碍了货币政策意图的达成，更推动了债券市场价格泡沫。

①监管部门存贷比等考核指标的设置，限制了商业银行的信贷投放，阻碍了债券市场货币资金向信贷市场的流动，使货币资金在债券市场积聚，形成价格泡沫。

行业监管部门出于防范风险的考虑，对金融机构的存贷比等指标进行考核，要求一定数量的贷款投放必须要配置一定比例的存款，商业银行在扩大信用货币供给的同时还要保障相应数量的存款。在储蓄市场上，居民存款利率普遍较低，在股票、房地产等领域资产价格普遍上涨的情况下，居民更愿意将货币资金投资于收益较高的资产领域，从而存款派生较少。在存贷比受限的情况下，一定程度上限制了货币供应。

由于我国国有企业、地方政府平台以及房地产企业数量较多，需求的贷款资金较大，且面临着财务软约束的作用，对利率变动不敏感，导致数量型调控在我国货币政策传导机制中发挥着不可或缺的作用。当经济面临下行压力，中央银行利用公开市场操作在货币市场上投放基础货币，保持金融市场流动性充裕时，基于商业银行在货币市场和债券市场的交易行为和盈利模式，货币政策意图得以顺利传导。然而，债券市场资金向信贷市场资金的传导，受到监管部门对金融机构存贷比的限制，不能完全根据债券市场的负债资金扩张信贷市场的信贷规模，不仅阻碍了货币政策的传导，更使债券市场资金局限于金融市场中，且由于债券市场属于货币市场中的下游资金市场，在流动性充裕时，更容易使货币资金积聚在债券市场，形成价格泡沫。

②金融机构内部的组织部门设置，阻碍了金融市场上的资金利率向信贷市场上资金利率的传导，阻碍了央行货币政策意图的实现。

我国开展金融市场业务的历史较短，在时间上远远滞后于信贷业务。金融机构出于业务管理方便以及分岗定责的要求，一般分别设立金融市场业务部门和信贷市场业务部门，前者从事金融市场业务，与央行做交易对手方以及开展同业业务等；后者侧重于储蓄市场的存贷款业务拓展。两个部门都有各自的利润目标和考核指标，相互之间的沟通和协调较少，将金融市场上的货币资金用于发放贷款，或是利用公众存款资金进行同业投资的跨部门的资金流动受到限制，阻碍了金融市场资金价格向信贷市场资金价格的传导。

一段时期以来，我国经济处于转型发展的关键阶段，利用货币政策支持实体经济发展引起了各方关注。在此背景下，中央银行意图利用公开市场操作，在货币市场上投放基础货币，并意图利用短期债券的利率引导整体金融体系资金成本的下行。然而，金融机构利用短期债券流动性充足的特点，大量借入短期债券，投资长期债券，以获得利差。市场上大量的此类操作，提升了短期债券的价格，使债券市场产生资产价格泡沫。与此同时，当债券市场短期利率较低时，势必使债券市场的长期利率较低，但债券市场长期限资金的较低成本，因为受到商业银行对金融市场和信贷市场分别进行管理的限制，难以传导至信贷市场，最终导致债券市场上长期限债券的价格也较高，促成债券市场全面的资产价格泡沫。

以上种种限制，使通过公开市场调节金融市场上的货币数量和价格信号难以传导至信贷市场上，不但阻碍了货币政策意图的实现，更在一定程度上助长了债券市场的价格泡沫。

（3）货币政策对汇市泡沫的影响分析。1994 年 1 月，我国建立了全国统一的银行间外汇市场，实行以市场供求为基础、有管理的浮动汇率制度。2015 年 8 月 11 日，人民币汇率制度进行重大改革，调整人民币对美元汇率中间价报价机制，使人民币兑美元汇率中间价机制进一步市场化，更加真实地反映了当期外汇市场的供求关系，为货币政策影响外汇市场泡沫奠定了基础。货币政策影响外汇市场泡沫离不开货币供应量和利率的传导过程。与外汇市场相关的本外币数量的相对改变主要是中央银行通过公开市场业务进行操作的，通过中央银行在公开市场上操作基础货币的投放和收回，影响本外币的数量对比，从而对本币价格泡沫产生影响。货币价格的传导通过改变境内企业的净利润影响资金在境内的流入和流出，从而影响外汇市场价格泡沫。当境内企业具有较高的净利润时，外币资金会争先兑换成本币流入境内逐利，从而促进本币价格泡沫的膨胀；当境内企业的净利润较低时，本币资金争先兑换成外币，到境内逐利，抑制了本币的价格泡沫。货币政策的价格型调控可以通过影响企业的净利润抑制外汇市场的价格泡沫。

数量型货币政策影响外汇市场泡沫主要通过影响基础货币的供应，进而调节本币数量与外币数量的对应关系，从而影响外汇市场价格泡沫。然而，我国基础货币向货币供应量的传导机制存在难以透明的地方，大量影子银行体系的存在成倍地扩大了实际的货币供应总量，导致实际的本币货币供应量远远大于通过基础货币及货币政策传导机制计算的理论货币供应量。因此，货币政策的数量型调控效力减少，难以控制实际货币供应量，更难以准确调节本外币供应量的对比关系，从而无法抑制外汇市场上的价格泡沫。

价格型货币政策影响外汇市场泡沫主要通过影响利率，进而引起外币资金的流入或流出，从而对外汇市场价格泡沫起到影响。具体地，当中央银行执行宽松货币政策时，通过降低利率，导致外币资金流出，产生本币泡沫；当中央银行实行紧缩型货币政策时，通过提高利率，导致外币资金流入，抑制本币泡沫。

5.1.2 宏观审慎政策影响股市、债市与汇市泡沫的异质性分析

2008 年国际金融危机发生之前，宏观审慎的观念并未深入人心，但由于资产价格上涨引起的金融风险，单纯依靠货币政策进行调控很难达到调控目的。全球金融危机告诉我们，价格稳定并不意味着金融稳定，资产价格泡沫的治理脱离于传统的货币政策目标之外，成为金融稳定当局以及相关决策者关注的另一重要领域。2017 年全国第五次金融工作会议指出，要把防范化解系统性金融风险放在更重要的位置。党的十九大报告指出，要健全货币政策和宏观审慎政策双支柱调控框架，强调守住不发生系统性金融风险的底线。2018 年国务院政府工作报告进一步把防范化解重大风险列在决胜全面建成小康社会的三大攻坚战之首。

双支柱调控框架的产生离不开金融深化的发展。最近十多年来，中国金融市场深度发展，金融杠杆、金融关联以及复杂性不断提升，金融周期与经济周期逐渐分离，由资产价格泡沫引发的金融风险所带来的危害逐渐加大。尽管 2003 年修订的《中华人民共和国中国人民银行法》，明确由人民银行承担维护金融稳定的职能，但传统的货币政策工具难以承担这一重要职能。这是因为，价格稳定并不能保证金融稳定。传统的货币政策目标是物价稳定，但并不直接关注资产价格泡沫；高杠杆加强了金融的顺周期特征，杠杆的运用使金融震荡自我强化，加之非理性行为和"羊群效应"，进一步加剧顺周期波动；这种加杠杆和资产价格非理性上涨、去杠杆与资产价格非理性下跌的正反馈机制在跨市场和跨机构之间发生传染和放大。以微观审慎监管为核心的关注个体稳健的监管方式并不适合当下跨市场和跨机构的风险传染特征。

宏观审慎有助于防范和减少金融顺周期性和风险传染对宏观经济金融造成的不利影响。王晓和李佳（2013）认为，金融危机爆发后，全球主要央行在加强宏观审慎监管、维护金融稳定以及防范系统性金融风险方面取得了共识，学术界和决策层对货币政策不应忽视金融稳定目标以及央行只能在资产价格泡沫破裂后进行"事后救助"的缺陷进行了反思，进而促使

专家学者以及政策制定者对货币政策以及宏观审慎政策关系进行深入研究。人民银行在宏观审慎政策框架方面进行了有益的探索。2011 年，引入差别准备金动态调整机制，与利率、存款准备金率等货币政策工具一起，提升金融机构经营稳健性。2016 年，将差别准备金动态调整机制升级为宏观审慎评估（MPA），从资本和杠杆、资产负债率等七个方面对金融机构行为进行引导。2016 年 5 月将全口径跨境融资宏观审慎管理扩大至全国的金融机构和企业，对跨境融资进行调节，控制杠杆率和货币错配风险。2017 年第一季度，将表外理财纳入广义信贷考核范围，参与宏观审慎评估；2017 年第三季度，将绿色金融纳入 MPA "信贷政策执行情况"进行评估；下一阶段，进一步将同业存单纳入 MPA 考核。可见，央行设置 MPA 评估体系是循序渐进的，不断总结经验，根据 MPA 实施的情况以及宏观调控需要，对 MPA 的指标构成、权重以及相关参数等加以改进和完善。我国目前实施的 MPA 的核心理念是信贷投放要与宏观审慎资本充足率相匹配，同时考虑各金融机构的系统重要性、稳健状况以及经济景气状况等因素。宏观审慎资本充足率与《巴塞尔协议Ⅲ》的逆周期资本缓冲都是通过调节资本缓冲来抑制信贷的顺周期扩张或收缩，但在具体设定上，存在不同。首先，在考虑信贷偏离度时，由于中国更注重信贷增长适合实体经济发展的需要，因此，国际上采用信贷和 GDP 的比例与趋势值的偏离程度，而我国采用信贷增速与名义目标 GDP 增速的偏离程度。其次，国际上设置的逆周期资本缓冲比例对所有金融机构都是一样的；而我国考虑单个机构对总体信贷偏离的影响，偏离程度越大，需要越多的资本缓冲。可见，我国的 MPA 将信贷增长与资本水平、经济发展需求紧密挂钩，不仅可以抑制信贷的顺周期扩张防范系统性风险，也可以引导广义信贷增长。

5.1.3 双支柱调控政策对资产价格泡沫交叉传染行为的影响分析

2008 年国际金融危机发生之前，国际上主要央行以货币政策框架为核心，为实现物价稳定采取各种手段和工具调节利率和货币供应量，进而实现目标。从经济学原理上来讲，信用货币产生于现代，正是脱离了金融硬币存量的限制，各国决策者才能对信用货币的价格和数量进行调节，进而通过金融市场的传导，影响实体经济。此外，各国央行调控货币价格的原因在于，经济学家注重关注资本、劳动等实际变量对经济的影响，认为通过供求关系产生的价格调节可以实现资源的有效配置。因此，物价稳定有利于保持经济稳定和实现各项目标。各国中央银行也把实现物价稳定，通过逆周期调节实现经济稳定作为其政策执行目标。同时，为了增强透明度和保持货币政策规则的统一，各主流货币政策框架的政策目标是保持物价稳定，运用的货币政策工具是利率。然而，物价稳定并不代表金融稳定，特别是资产价格和金融市场的波动对经济体的影响也很大。国际金融危机的发生，使各国央行逐渐意识到，仅仅通过利率保持物价稳定，难以有效维护金融稳定，还容易滋生资产价格泡沫，产生金融风险。

从金融周期的波动来看，广义信贷和资产价格分别代表了融资条件和对待风险的态度，两者相互作用，从而使金融周期产生顺周期波动。在当前经济和金融加深联系的背景下，广义信贷和资产价格通过资产负债表渠道将金融和实体经济联系起来，当经济进入下行周期时，一味地通过降息等扩张性货币政策并不能引导资金流入实体经济，反而容易滋生资产价格泡沫。在这一过程中，信用扩张起到了非常重要的作用，不仅使风险更容易传染，也加大了对实体经济的冲击破坏。传统的金融监管以个体微观监管为核心，但微观个体稳健并不代表整体稳健。可见，在防范系统性风险方面，货币政策和微观审慎之间还留有空白，成为宏观审慎政策的作用领域。各主流货币政策主体着重从宏观审慎政策的管理职能入手，实行自上而下的系统性风险的衡量方法，采用逆周期和防止传染的视角，减少金融体系的顺周期波动以及金融风险的跨市场传染。

在引入宏观审慎政策后，货币政策和宏观审慎政策可以各司其职，前者专注于物价稳定和经济增长，主要对总需求进行调节，采用的货币政策工具主要包括利率、存款准备金率等，通过利率渠道、信贷渠道以及资产负债表渠道等进行货币政策的传导。后者致力于金融稳定，防范和化解加杠杆导致的金融风险，通过调整资本要求、杠杆水平以及贷款价值比等方式影响资产价格，进而通过资产价格渠道进行传染。

单一的货币政策无法有效抑制不同金融市场价格泡沫的相互传染。从货币政策的有效性来说，数量型货币政策对股市、债市和汇市价格泡沫的产生和破灭并不具有影响，这主要由数量型货币政策的有效性下降以及我国转轨经济国家的发展特征决定的。价格型价格政策虽然能够对股票市场和外汇市场上价格泡沫的产生和破灭产生抑制作用，但同样无法解决泡沫的交叉传染问题，这源于货币价格工具的单一性难以解决泡沫交叉传染的复杂性，必须要同时借助宏观审慎政策工具。

泡沫交叉传染的主要特征在于：（1）加杠杆行为的普遍性。泡沫的本质在于较多的货币资金追逐较少的金融资产，此处的货币指的是信用货币，即通过商业银行的信用派生机制衍生出来的。在金融深化广泛发展的信贷，通过加杠杆的手段获得金融资源，并进行金融资源的配置是多数投资人的理性选择。信用货币的产生源于投资主体的主动加杠杆行为，随着泡沫的不断扩大，通过加杠杆取得的资金获得了更高的收益，从而鼓励了投机主体进一步加杠杆的行为。（2）多通道、多嵌套的复杂性。货币资金的加杠杆行为离不开多层金融机构的嵌套行为以及不同资产通道的铺垫。多通道和多嵌套的特征使得投机主体的杠杆率成倍地上升，增加了投机主体利用自主资金可以配置的金融资产数量，进而也加大了不同嵌套市场和不同资产通道价格泡沫的传染，使得证券、基金、信托等非银行金融机构围绕银行机构形成了庞大的影子银行体系，加剧了不同市场之间金融资产价格泡沫的传染。（3）跨市场、跨区域的联动性。泡沫的交叉传染离不开不同市场之间、不同区域之间资产价格的联动特征。不同市场和不同区域之间存在套利机会，是资金进入资产市场形成泡沫以及泡沫资产价格联动的前提。我国资本市场制度建设不够完善，区域之间发展差异较大，这使得泡沫交叉传染的特征进一步渗入区域市场风险的影响，使得泡沫的传染在不同市场之间具有联动性，并使泡沫市场的传染更具复杂性。

单一的数量型货币政策难以对不同市场之间的价格泡沫传染进行有效治理。这是因为数量型货币政策只能通过控制货币供应量进行调控，但涉及不同金融市场以及不同通道和嵌套的影子银行体系产生的信用货币数量难以被中央银行准确地掌握。因此，仅仅通过中央银行利用公开市场操作，进而通过货币市场向债券市场以及向信贷市场的传导，调节货币供应量不足以覆盖实际的货币供应量，从而难以抑制产生泡沫交叉传染的资金供应，难以抑制泡沫的传染。

单一的价格型货币政策难以应对不同市场之间价格泡沫的传染。这是因为单一的价格型工具仅仅只有货币资金的利率，利率的调节过于敏感，且通过一系列金融市场的传导，直接影响实体经济融资成本。中央银行应审慎应用利率工具，对提高利率的政策持审慎态度。同时，利率也影响了投机者加杠杆的资金成本，使杠杆资金成本提高，减少不同市场之间的资金嵌套，理论上能够在一定程度上抑制泡沫的传染。然而，考虑到由于制度建设不健全导致的不同金融市场之间存在的天然的套利机会以及提高实体融资成本的影响，中央银行提高利率的空间较小，与不同市场之间存在的套利收益相比，收效甚微，难以有效应对资产价格泡沫的传染。

单一的宏观审慎政策工具难以有效应对资产价格泡沫的传染。一方面，宏观审慎政策起源于全球金融危机带来的金融不稳定，货币政策难以有效应对物价稳定下的金融不稳定。从某种意义上来讲，宏观审慎政策是金融危机的产物，是货币政策难以有效应对金融危机的补充。因此，宏观审慎政策产生伊始，便是有其特定的历史背景的，离不开货币政策的存在以及正常功能的发挥。另一方面，宏观审慎政策工具侧重于金融稳定，其主要使用的政策工具侧重于资本充足率、杠杆率等指标，政策作用途径主要是通过对这类指标进行行政限制达到政策目的，缺乏市场干预的手段，也难以抑制投机者的盈利动机。

货币政策和宏观审慎政策相结合，提供了治理资产价格泡沫产生和传染的有效政策组合。一方面，货币政策可以通过数量调控，对经济体中的信贷供给总量形成控制，同时，还可以通过利率的传导，利用市场的手段切实降低投机者的盈利，减少资产价格泡沫的产生和通过不同资产通道发生的泡沫传染。另一方面，宏观审慎政策工具的使用，通过限制杠杆率等指标，有效避免了投机者加杠杆以膨胀信用货币资金的行为，从而抑制了资产价格泡沫的产生和传染。也避免了单纯利用货币政策的价格工具，导致资产价格泡沫对利率的敏感性较强，通过利率工具强行刺破泡沫，发生泡沫破灭的现象。

5.1.4　双支柱调控框架下的政策搭配效应

货币政策和宏观审慎政策如何协调及共同应对资产价格泡沫成为专家学者和政府决策层关注的重点。从两者的比较来看，货币政策是总量性政策，主旨在于为经济金融运行提供适宜的货币金融环境；而宏观审慎政策则可以面向特定领域和特定体系，如房地产市场和金融机构体系等，对结构性失衡进行调节。货币政策主要作用于实体经济；宏观审慎政策主要作用于金融体系。因此，两者的配合最好是利用货币政策扩张刺激实体经济发展，同时，加大宏观审慎政策工具的实施力度，避免金融领域信贷泡沫膨胀。马勇（2013）认为，宏观审慎政策的实施势必要以货币政策的控制为基础，只有当货币政策在总量上进行调控，防止金融总量过剩的基础上，宏观审慎政策在特定领域的调节才能发挥更好的结构性调节的作用。易纲（2018）也认为货币政策侧重于经济总量和物价水平，宏观审慎政策侧重于金融体系或某个金融市场，有利于防范金融市场风险，货币政策和宏观审慎政策可以相互强化，形成两个支柱。部分学者认为货币政策和宏观审慎政策的协调配合能够有效抑制资产价格泡沫。郭子睿和张明（2017）认为，抑制信贷扩张形成的资产价格泡沫，货币政策可以采取事前调控的策略与宏观审慎政策协调配合，但具体还取决于经济周期和金融周期的契合程度以及金融冲击的类型。赵胜民和张翰文（2018）利用DSGE模型分析货币政策和宏观审慎政策对房地产泡沫的影响，发现在房价处于下跌阶段时，两者的协调配合能够取得较好的政策效果，但在房价上涨阶段的政策效果不尽如人意。

经济周期和金融周期是两个不同的周期，且随着金融深化的发展，金融周期的顺周期波动以及对经济周期产生的巨大影响越来越引起重视。当引入货币政策和宏观审慎政策——双支柱政策框架后，可以用宏观审慎政策作为货币政策有益补充，从而对经济周期以及金融周期进行有效调节。从政策互补性来看，首先，货币政策主要以稳定物价为主要目标，但这种单一目标设定，也使货币政策容易随着 CPI 设定偏差而导致政策偏差。其次，不同市场和经济主体之间的差异性较大，尤其是我国国情较为复杂，地域发展差异较大，在此背景下，仅仅依靠总量调节的货币政策难以实现结构调节目标。最后，随着资本市场的不断发展，房地产、股票等市场天然具有容易产生价格泡沫的特征，这种具有顺周期波动的资产市场使得货币政策利率调节失效，只能依靠宏观审慎政策，着重从防范加杠杆产生的金融风险入手进行政策调节。

因此，宏观审慎政策可以作为货币政策的有益补充，两者相互协调，共同促进金融市场发展以及经济增长和转型升级。货币政策依然从总量、实体经济波动以及利率等实体变量入手，对经济进行调节；当资金流入某一特定领域，产生资产价格的上涨甚至泡沫时，需要通过宏观审慎政策进行调节。一般而言，两者的作用效果是相得益彰的，当经济处于萧条状态时，实行扩张的货币政策，降低利率，扩张信用，同时适度放松宏观审慎管理，使经济体从金融体系中获得支持，加快促进经济体系复苏。当经济处于繁荣状况时，实施紧缩的货币政策，抬升利率，紧缩信用，同时加强宏观审慎管理，避免经济过热，避免过量资金流入资产领域，产生资产价格泡沫。

宏观审慎政策能够有效促进货币政策传导的效率，提升货币政策效力。货币政策的传导机制必须依靠市场的力量进行传导，当产业结构出现扭曲，过量资金大量流入某一产业部门，而这一部门的产品供给又在短期内缺乏弹性，难以定义内在价值时，容易在该领域产生投机套利行为，进而衍生为资产价格泡沫的膨胀。此时，通过加强宏观审慎政策管理，严防资金通过加杠杆的形式进入该领域，保证货币资金不空转，有效流入需要资金的产业部门，提高资金配置效率，提高货币政策传导效力。

货币政策和宏观审慎政策必须相互协调，两者共同维护金融市场的稳定以及货币政策的有效执行，从而对经济稳定和增长形成合力。从政策侧重点来看，货币政策侧重于物价稳定和经济增长，宏观审慎政策侧重于保障金融稳定。金融稳定和经济增长以及物价稳定之间都具有较强的联系。金融稳定才能保障经济增长，金融不稳定，产生金融危机或者破坏性较大的事件容易打击市场信心，从而对经济增长形成严重破坏。当前金融和经济的联系较以往任何时期都较紧密，美国资本市场上爆发的次贷危机不仅引发了金融危机，更引发了美国乃至全球主要经济体的经济衰退，影响之深远长达十年之久。同时，金融稳定和物价稳定之间也存在较强的联系，物价不稳定，容易滋生资产价格泡沫；同样，资产价格泡沫的膨胀和破灭，也容易带来通货膨胀或者紧缩。从这两方面来讲，货币政策和宏观审慎政策之间要有一致协调的步伐。两者在实施过程中如何把握实施力度和时机，取决于具体的经济金融环境，且和当地的国情具有较大的关联。对我国而言，应在科学研判货币政策传导以及货币政策工具实施效果的同时，兼顾宏观审慎政策，让两者共同为金融经济的稳定和发展做出贡献。

宏观审慎监管的核心是防范过度加杠杆。当金融市场上资产证券化较为普遍，市场杠杆水平快速上升，积累了较为严重的资产价格泡沫时，仅仅提高基准利率只能使对利率敏感的金融产品价格变化更快，从而使资产价格快速上升后被刺破，引发金融危机。正确的应对措施应是通过调节贷款价值比、债务收入比等，抑制杠杆的过快上升，减轻货币政策压力，进而避免金融危机的爆发。

5.2 双支柱调控政策治理股市、债市
与汇市泡沫的效果分析

5.2.1 数据与实证分析方法

（1）数据描述。实证分析中涉及的主要变量包括前文所测出的股市泡沫 x_1、债市泡沫 x_2、汇市泡沫 x_3、资产价格泡沫的交叉传染指数 cr，参考袁越和胡文杰（2017）的研究，在货币政策工具效应的实证分析中运用了通货膨胀率（cpi，单位:%）、固定资产投资（gt，单位:%）等数据，这些数据均来源于中经网数据库，其中通货膨胀率与固定资产投资数据已调整为同比增长值。

关于双支柱调控框架下政策工具的选择，参照伯南克和布林德（Bernanke and Blinder，1992）提出的思想选择合适的政策工具，具体综合了袁越和胡文杰（2017）与荆中博和方意（2018）的研究，选取广义货币

供应量（m_2，单位：亿元的对数）和信贷余额（xd，单位：亿元的对数）代表数量型货币政策工具；银行间 7 天同业拆借加权平均利率（r，单位:%）代表价格型货币政策工具①；法定准备金率（cz，单位:%）指代宏观审慎政策。其中广义货币供应量与信贷余额均经过对数化处理。

实证过程中样本期的选择依据综合数据的可获得性和充足性而定，分析双支柱调控政策对股市泡沫影响的样本期为 2007 年 1 月～2021 年 12 月；分析双支柱调控政策对债市泡沫影响的样本期为 2007 年 1 月～2021 年 12 月；分析双支柱调控政策对汇市泡沫影响的样本期为 2008 年 6 月～2021 年 12 月；分析双支柱调控政策对交叉传染行为影响的样本期为 2011 年 8 月～2021 年 12 月。

（2）时变结构向量自回归模型。在分析不同类型货币政策对资产价格泡沫的影响时，借鉴普里米切里（Primiceri，2005）以及袁越和胡文杰（2017）的研究，采用了时变结构向量自回归（TVSVAR）模型。该方法已被逐渐引入到对货币政策的解释中，通过改进常系数 VAR 模型，假定系数是随时间可变的，分析货币政策的内生冲击。首先考虑下述模型：

$$y_t = c_t + B_{1,t}y_{t-1} + \cdots + B_{k,t-k} + u_t \tag{5.1}$$

其中，y_t 是观测到的内生变量，是一个 $n \times 1$ 向量；c_t 是时变系数的 $n \times 1$ 向量，与常数项相乘；$B_{i,t}$，$i = 1$，$\cdots$，k 是 $n \times n$ 的时变系数矩阵，u_t 为方差协方差矩阵 Ω_t 的异方差不可观测冲击，定义为：$A_t \Omega_t A_t' = \sum_t \sum_t'$，$A_t$ 是如下三角矩阵：

$$A_t = \begin{bmatrix} 1 & 0 & \cdots & 0 \\ \alpha_{21,t} & 1 & \vdots & \vdots \\ \vdots & \vdots & \vdots & 0 \\ \alpha_{n1,t} & \cdots & \alpha_{nn-1,t} & 1 \end{bmatrix} \tag{5.2}$$

$\sum_t$ 是如下对角矩阵：

$$\sum_t = \begin{bmatrix} \sigma_{1,t} & 0 & \cdots & 0 \\ 0 & \sigma_{2,t} & \vdots & \vdots \\ \vdots & \vdots & \vdots & 0 \\ 0 & \cdots & 0 & \sigma_{n,t} \end{bmatrix} \tag{5.3}$$

①《国务院关于金融体制改革的决定》指出，我国货币政策的中介目标和操作目标是货币供应量、信用总量、同业拆借利率和银行备付金率，其中银行备付金率由于市场化程度欠缺，暂不作为本章考量的货币政策工具之一。

上式遵循如下公式：

$$y_t = c_t + B_{1,t}y_{t-1} + \cdots + B_{k,t-k} + A_t^{-1}\sum_t \varepsilon_t \qquad (5.4)$$

$$V(\varepsilon_t) = I_n \qquad (5.5)$$

将所有的 $B_{i,t}$，$i = 1$，$\cdots$，k 系数叠加在一个向量 B_t 中，上面的方程可以重写为：

$$y_t = X'_t B_t + A_t^{-1}\sum_t \varepsilon_t \qquad (5.6)$$

$$X'_t = I_n \otimes [1, y'_{t-1}, \cdots, y'_{t-k}] \qquad (5.7)$$

模型时变参数的动态方程描述如下：

$$B_t = B_{t-1} + v_t \qquad (5.8)$$

$$\alpha_t = \alpha_{t-1} + \zeta_t \qquad (5.9)$$

$$\log\sigma_t = \log\sigma_{t-1} + \eta_t \qquad (5.10)$$

模型中所有的残差都假设为联合正态分布，并对方差协方差矩阵作如下假设：

$$V = Var\begin{bmatrix} \varepsilon_t \\ v_t \\ \zeta_t \\ \eta_t \end{bmatrix} = \begin{bmatrix} I_n & 0 & 0 & 0 \\ 0 & Q & 0 & 0 \\ 0 & 0 & S & 0 \\ 0 & 0 & 0 & W \end{bmatrix} \qquad (5.11)$$

其中，I_n 是 n 维单位矩阵，Q、S、W 均是正定矩阵。

（3）建模数据的平稳性分析。首先对建模指标进行单位根检验以确定其平稳性，具体检验结果如表 5.1 所示。

表5.1　　　　　　　　　　　　单位根检验结果

变量	检验统计量值	检验形式（c, t, d）	结论
x_1	− 3.0002 ***	(0, 0, 0)	平稳
x_2	− 3.9142 ***	(c, t, 1)	平稳
x_3	− 2.2173 **	(0, 0, 0)	平稳
cr	− 2.9339 **	(c, 0, 6)	平稳
$m2$	− 4.5688 ***	(c, 0, 1)	平稳
xd	− 3.5342 ***	(c, 0, 1)	平稳

变量	检验统计量值	检验形式 (c, t, d)	结论
r	−4.7562 ***	$(c, 0, 0)$	平稳
cz	−3.5128 **	$(c, t, 0)$	平稳
cpi	−2.0294 **	$(0, 0, 3)$	平稳
gt	−4.7951 ***	$(c, t, 1)$	平稳

注: c 和 t 分别代表带有常数项和趋势项, d 代表滞后期, ***、** 和 * 分别代表在1%、5%和10%的显著性水平下拒绝存在单位根的零假设。

从表5.1可以看出,在5%的显著性水平下,建模变量均为平稳序列,可以直接建立 TVSVAR 模型讨论双支柱调控政策治理资产价格泡沫的效果。

5.2.2 双支柱调控政策治理股市泡沫的效果分析

首先,考虑双支柱调控框架下不同类型政策及其组合对股市泡沫的影响,具体包括:数量型货币政策工具对股市泡沫的影响,如图 5.1 所示;价格型货币政策对股市泡沫的影响,如图 5.2 所示;宏观审慎政策对股市泡沫的影响,如图 5.3 所示;数量型与价格型货币政策搭配情形下,两者对股市泡沫的影响分别如图 5.4 和图 5.5 所示;数量型货币政策与宏观审慎政策搭配情形下,两者对股市泡沫的影响分别如图 5.6 和 5.7 所示;价格型货币政策与宏观审慎政策搭配情形下,两者对股市泡沫的影响,分别如图 5.8 和图 5.9 所示;数量型、价格型货币政策与宏观审慎政策搭配情形下,三者对股市泡沫的影响分别如图 5.10 ~ 图 5.12 所示。

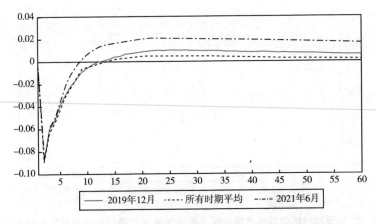

图 5.1 股市泡沫对数量型货币政策冲击的时变反应

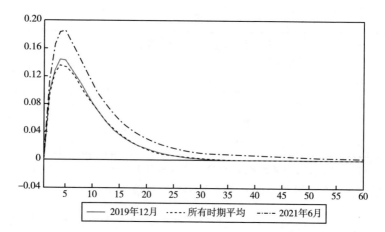

图 5.2　股市泡沫对价格型货币政策冲击的时变反应

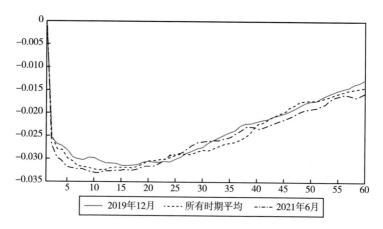

图 5.3　股市泡沫对宏观审慎政策冲击的时变反应

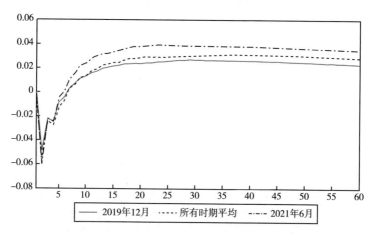

图 5.4　数量型与价格型货币政策搭配下股市泡沫对数量型货币政策冲击的时变反应

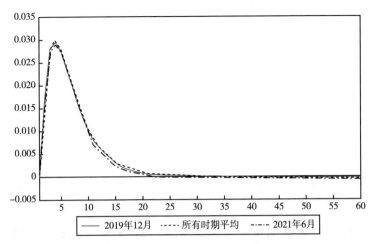

图 5.5　数量型与价格型货币政策搭配下股市泡沫对价格型货币政策冲击的时变反应

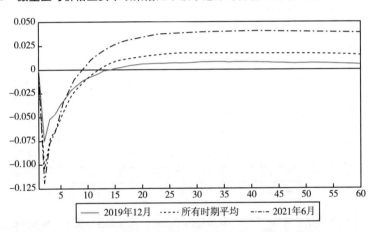

图 5.6　数量型货币政策与宏观审慎政策搭配下股市泡沫对数量型货币政策冲击的时变反应

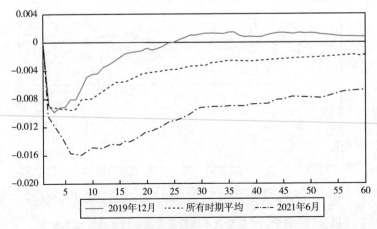

图 5.7　数量型货币政策与宏观审慎政策搭配下股市泡沫对宏观审慎政策冲击的时变反应

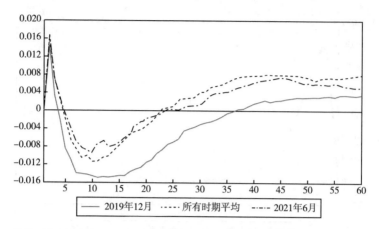

图 5.8　价格型货币政策与宏观审慎政策搭配下股市泡沫对价格型货币政策冲击的时变反应

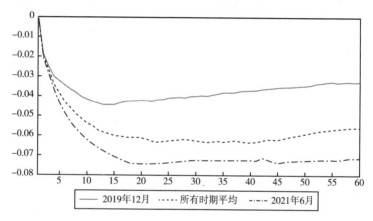

图 5.9　价格型货币政策与宏观审慎政策搭配下股市泡沫对宏观审慎政策冲击的时变反应

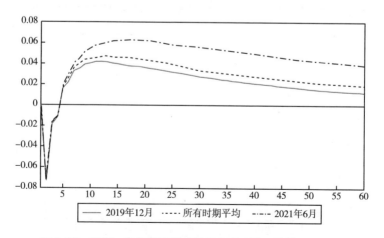

**图 5.10　数量、价格型货币政策与宏观审慎政策搭配下股市
泡沫对数量型货币政策冲击的时变反应**

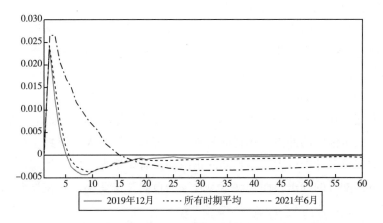

图 5.11　数量、价格型货币政策与宏观审慎政策搭配下股市
泡沫对价格型货币政策冲击的时变反应

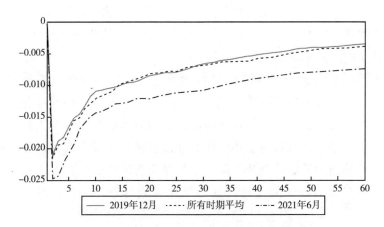

图 5.12　数量、价格型货币政策与宏观审慎政策搭配下股市
泡沫对宏观审慎政策冲击的时变反应

由图 5.1 可知，数量型货币政策对股市泡沫存在负向冲击效应，这一效应在短期内快速增大，之后又迅速减小，一年后开始转为正向冲击效应，并在长期内保持稳定。由图 5.2 可知，价格型货币政策的冲击在短期对股市泡沫影响为正，且正向效应快速增长，5 个月后开始持续下降，在两年以上的长期冲击反应收敛于零。由图 5.3 可知，宏观审慎政策冲击对股市泡沫的影响为负，这一负效应短期内会快速增大，一年之后开始缓慢变小，但负向冲击效应在长期仍然存在。上述结果表明，采取单一调控政策时，短期内，无论数量型或是价格型维度的紧缩性货币政策均无法抑制股市泡沫，从长期看，基于数量型货币政策维度的紧缩性政策能够抑制股

市泡沫；而宏观审慎政策在短期与长期均能有效抑制股市泡沫[1]。

由图 5.4 与图 5.5 可知，数量型与价格型货币政策搭配情形下，两者对股市泡沫的冲击变化特征与单独实施时差异不大，但数量型货币政策短期的负向冲击变小，而长期的正向冲击变大；价格型货币政策的正向冲击变小，并在更短的时期内收敛于零。

由图 5.6、图 5.7 可知，数量型货币政策与宏观审慎政策搭配情形下，两者对股市泡沫的冲击变化特征与单独实施时差异不大，但数量型货币政策短期的负向冲击变大，而长期的正向冲击有所增大，但小于与价格型货币政策搭配时的冲击；而宏观审慎政策的负向冲击变小，并在长期内趋于稳定。

由图 5.8、图 5.9 可知，价格型货币政策与宏观审慎政策搭配情形下，价格型货币政策对股市泡沫的冲击特征发生明显变化，短期内呈现快速上升的正向冲击特征，之后迅速减小并转化为负向冲击，持续至两年后转化为较小的正向冲击，之后趋于稳定；而宏观审慎政策负向冲击的变化特征与单独实施时差异不大，但冲击力度明显增大。

由图 5.10～图 5.12 可知，搭配数量型、价格型货币政策与宏观审慎政策时，数量型货币政策对股市泡沫的冲击特征没有明显变化，短期的负向冲击变小，而长期的正向冲击较其他政策搭配情形增大幅度最为明显；价格型货币政策对股市泡沫的冲击特征发生显著变化，正向冲击在短期内快速上升后又迅速下降，之后稳定为较小的负向冲击；宏观审慎政策工具负向冲击的变化特征与单独实施时差异不大，但冲击力度变小。

进一步考虑图 5.1～图 5.12 中 2019 年 12 月以及 2021 年 6 月两个时点的政策冲击可以发现，新冠疫情发生后，双支柱调控政策对股市泡沫的冲击特征没有发生显著变化，只是在冲击力度上有细微的差异。

综合上述分析可以发现，对股市泡沫的治理存在困难，常规的紧缩性货币政策并不能抑制股市泡沫。短期内，宏观审慎政策治理股市泡沫的效果最佳；而要实现对股市泡沫的长期有效治理，需进一步搭配数量型与价格型两个维度的紧缩性货币政策。

5.2.3　双支柱调控政策治理债市泡沫的效果分析

继续考察双支柱调控框架下不同类型政策及其组合对债市泡沫的影

---

① 在讨论具体调控政策治理资产价格泡沫的效果时以 1 年为界限划分短期与长期。

响，具体包括：数量型货币政策对债市泡沫的影响，如图 5.13 所示；价格型货币政策对债市泡沫的影响，如图 5.14 所示；宏观审慎政策对债市泡沫的影响，如图 5.15 所示；数量型与价格型货币政策搭配情形下，两者对债市泡沫的影响分别如图 5.16 和图 5.17 所示；数量型货币政策与宏观审慎政策搭配情形下，两者对债市泡沫的影响分别如图 5.18 和图 5.19 所示；价格型货币政策与宏观审慎政策搭配情形下，两者对债市泡沫的影响，分别如图 5.20 和图 5.21 所示；数量型、价格型货币政策与宏观审慎政策搭配情形下，三者对债市泡沫的影响分别如图 5.22 ~ 图 5.24 所示。

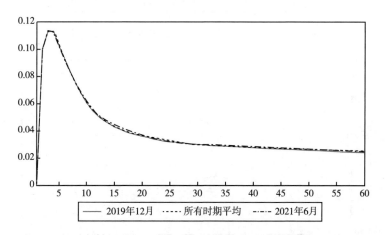

图 5.13　债市泡沫对数量型货币政策冲击的时变反应

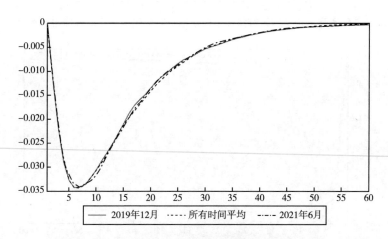

图 5.14　债市泡沫对价格型货币政策冲击的时变反应

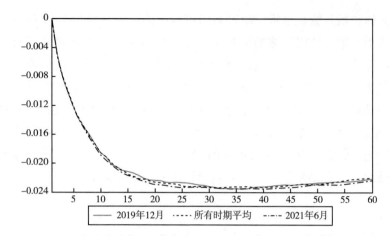

图 5.15 债市泡沫对宏观审慎政策冲击的时变反应

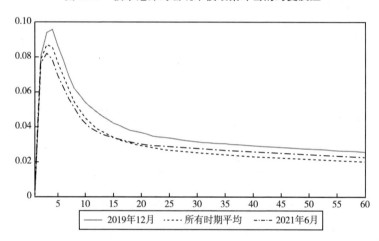

图 5.16 数量型与价格型政策搭配下债市泡沫对数量型货币政策冲击的时变反应

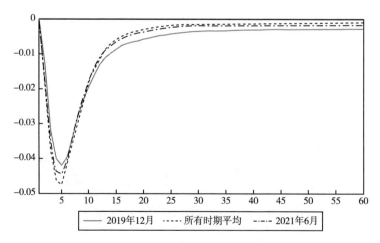

图 5.17 数量型与价格型政策搭配下债市泡沫对价格型货币政策冲击的时变反应

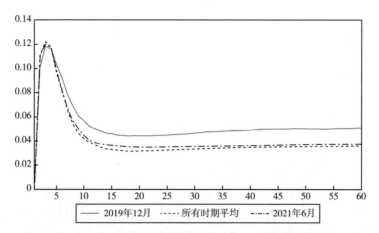

图 5.18　数量型货币政策与宏观审慎政策搭配下债市泡沫对数量型货币政策冲击的时变反应

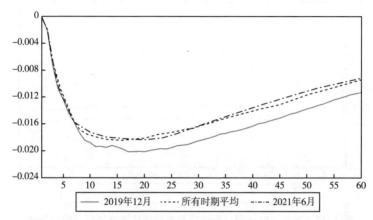

图 5.19　数量型货币政策与宏观审慎政策搭配下债市泡沫对宏观审慎政策冲击的时变反应

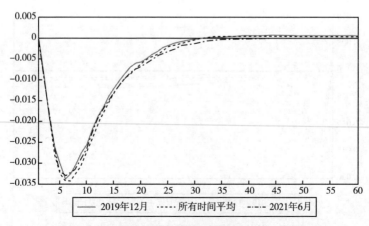

图 5.20　价格型货币政策与宏观审慎政策搭配下债市泡沫对
价格型货币政策冲击的时变反应

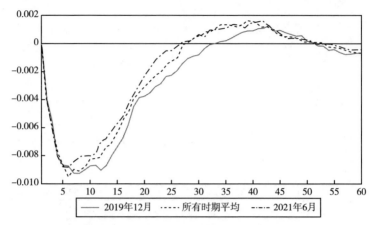

图 5.21　价格型货币政策与宏观审慎政策搭配下债市泡沫对宏观审慎政策冲击的时变反应

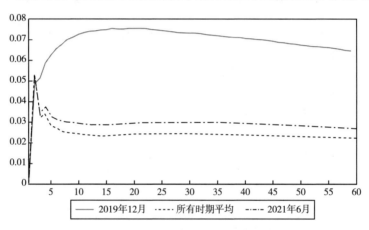

**图 5.22　数量、价格型货币政策与宏观审慎政策搭配下债市泡沫
对数量型货币政策冲击的时变反应**

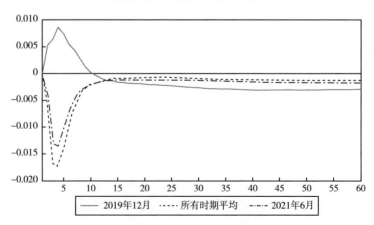

**图 5.23　数量、价格型货币政策与宏观审慎政策搭配下债市泡沫
对价格型货币政策冲击的时变反应**

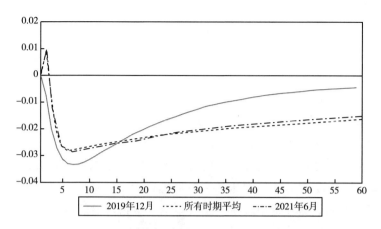

图 5.24　数量、价格型货币政策与宏观审慎政策搭配下债市
泡沫对宏观审慎政策冲击的时变反应

由图 5.13 可知，数量型货币政策对债市泡沫存在正向冲击效应，这一效应在短期内迅速增大，之后又缓慢减小，并在长期内保持稳定。由图 5.14 可知，价格型货币政策对债市泡沫存在负向冲击效应，该效应在短期内迅速增大，开始变小，影响为正，且正向效应快速增长，6 个月后负效应开始变小，并缓慢地收敛于零。由图 5.15 可知，宏观审慎政策冲击对债市泡沫的影响为负，这一负效应保持逐渐增大的趋势，并在长期内保持稳定。上述结果表明，紧缩性货币政策与宏观审慎政策均能有效抑制债市泡沫，且长期效果更优于短期效果。

由图 5.16 与图 5.17 可知，数量型与价格型货币政策搭配情形下，两者对债市泡沫的冲击变化特征与单独实施时差异不大，差异在于数量型货币政策的正向冲击变小；而价格型货币政策的负向冲击变大。

由图 5.18、图 5.19 可知，数量型货币政策与宏观审慎政策搭配情形下，两者对债市泡沫的冲击变化特征与单独实施时差异不大，但数量型货币政策的正向冲击变大；而宏观审慎政策的负向冲击变小。

由图 5.20、图 5.21 可知，价格型货币政策与宏观审慎政策搭配情形下，价格型货币政策对债市泡沫的冲击特征发生明显变化，负向冲击会在更短的时间内趋向于零，之后转化为较小的正向冲击；而宏观审慎政策的负向冲击变小，并在转化为正效应后围绕零轴波动。

由图 5.22 ~ 图 5.24 可知，搭配数量型、价格型货币政策与宏观审慎政策时，数量型货币政策对债市泡沫的冲击特征没有明显变化，短期的正向冲击缓慢变小后稳定在较大的正值；价格型货币政策对债市泡沫的冲击特征发生显著变化，短期的正向冲击快速上升后又迅速下降，之后稳定为较小的负向冲击；宏观审慎政策负向冲击的变化特征与单独实施时差异不大，但冲击力度变大，但该力度小于与数量型货币政策搭配时的力度。

进一步考虑图5.13～图5.24中2019年12月以及2021年6月两个时点的政策冲击可以发现，新冠疫情发生后，双支柱调控政策对债市泡沫的冲击特征没有发生显著变化，只是在冲击力度上有细微的差异。

综合上述分析可以发现，短期内，单独实施紧缩性货币政策或宏观审慎政策就能实现对债市泡沫的有效治理；而从长期看，基于数量型调控政策维度的紧缩性货币政策与宏观审慎政策搭配时的调控效果更佳。

5.2.4 双支柱调控政策治理汇市泡沫的效果分析

首先，考虑双支柱调控框架下不同类型政策及其组合对汇市泡沫的影响，具体包括：数量型货币政策对汇市泡沫的影响，如图5.25所示；价格型货币政策对汇市泡沫的影响，如图5.26所示；宏观审慎政策对汇市泡沫的影响，如图5.27所示；数量型与价格型货币政策搭配情形下，两者对汇市泡沫的影响分别如图5.28和图5.29所示；数量型货币政策与宏观审慎政策搭配情形下，两者对汇市泡沫的影响分别如图5.30和图5.31所示；价格型货币政策与宏观审慎政策搭配情形下，两者对汇市泡沫的影响，分别如图5.32和图5.33所示；数量型、价格型货币政策工具与宏观审慎政策搭配情形下，三者对汇市泡沫的影响分别如图5.34～图5.36所示。

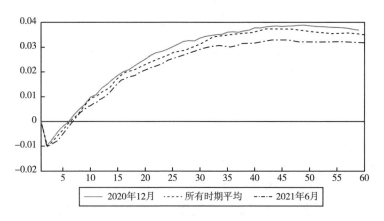

图5.25 汇市泡沫对数量型货币政策冲击的时变反应

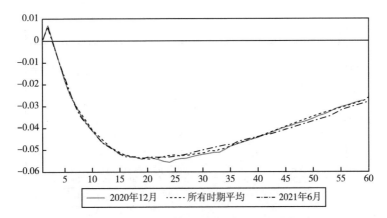

图 5.26　汇市泡沫对价格型货币政策冲击的时变反应

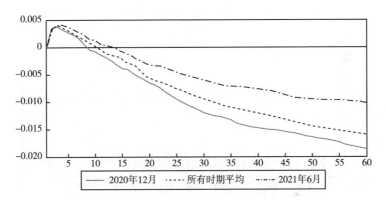

图 5.27　汇市泡沫对宏观审慎政策冲击的时变反应

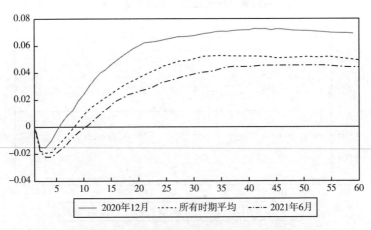

图 5.28　数量型与价格型政策搭配下汇市泡沫对
数量型货币政策工具冲击的时变反应

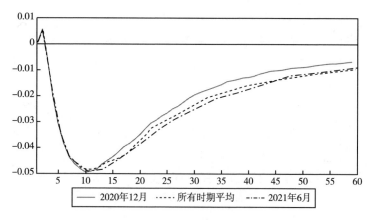

图5.29 数量型与价格型政策搭配下汇市泡沫对价格型货币政策冲击的时变反应

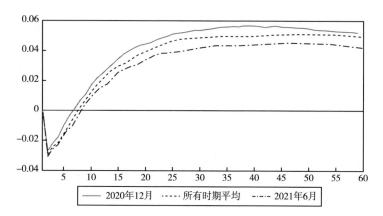

**图5.30 数量型货币政策与宏观审慎政策搭配下汇市泡沫
对数量型货币政策冲击的时变反应**

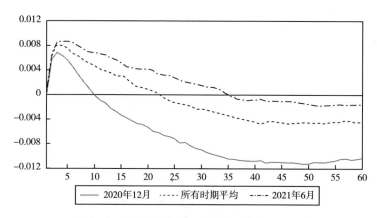

**图5.31 数量型货币政策与宏观审慎政策搭配下汇市
泡沫对宏观审慎政策冲击的时变反应**

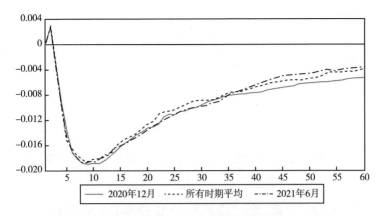

**图 5.32　价格型货币政策与宏观审慎政策搭配下汇市泡沫
对价格型货币政策冲击的时变反应**

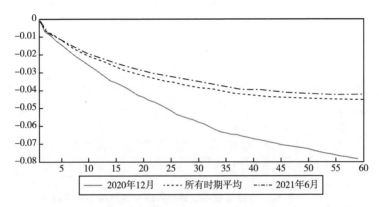

**图 5.33　价格型货币政策与宏观审慎政策搭配下汇市泡沫
对宏观审慎政策冲击的时变反应**

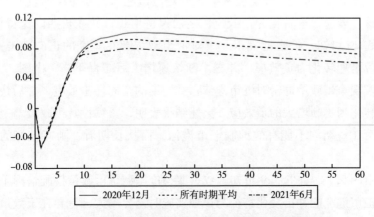

**图 5.34　数量、价格型货币政策与宏观审慎政策搭配下
股市泡沫对数量型货币政策冲击的时变反应**

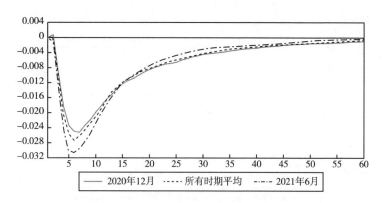

图5.35 数量、价格型货币政策与宏观审慎政策搭配下股市泡沫对价格型货币政策冲击的时变反应

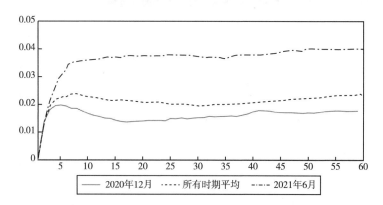

图5.36 数量、价格型货币政策与宏观审慎政策搭配下股市泡沫对宏观审慎政策冲击的时变反应

由图5.25可知，数量型货币政策对汇市泡沫存在短期的负向冲击效应，这一效应迅速转化为正效应，之后保持增长，并在长期内保持稳定。由图5.26可知，价格型货币政策对汇市泡沫存在短期的正向冲击效应，该效应迅速转化为负效应，并在不断快速增大后缓慢下降。由图5.27可知，宏观审慎政策冲击对汇市泡沫存在短期的正向冲击效应，之后快速下降并转化为不断增大的负效应。上述结果表明，紧缩性货币政策与宏观审慎政策在短期均不能有效抑制汇市泡沫；而从长期看，则有较好的治理效果。

由图5.28与图5.29可知，数量型与价格型货币政策搭配情形下，两者对汇市泡沫的冲击变化特征与单独实施时差异不大，差异在于数量型货币政策的正向冲击变小；而价格型货币政策的负向冲击变大。

由图5.30、图5.31可知，数量型货币政策与宏观审慎政策搭配情形下，两者对汇市泡沫的冲击变化特征与单独实施时差异不大，但数量型货币政策的正向冲击变大；而宏观审慎政策的负向冲击变小。

由图5.32、图5.33可知，价格型货币政策与宏观审慎政策搭配情形下，价格型货币政策对汇市泡沫的冲击特征发生明显变化，负向冲击会在更短的时间内趋向于零，之后转化为较小的正向冲击；而宏观审慎政策的负向冲击变小，并在转化为正效应后围绕零轴波动。

由图5.34~图5.36可知，搭配数量型、价格型货币政策与宏观审慎政策时，数量型货币政策对汇市泡沫的冲击特征没有明显变化，短期的正向冲击缓慢变小后稳定在较大的正值；价格型货币政策对汇市泡沫的冲击特征发生显著变化，短期的正向冲击快速上升后又迅速下降，之后稳定为较小的负向冲击；宏观审慎政策负向冲击的变化特征与单独实施时差异不大，但冲击力度变大，但该力度小于与数量型货币政策搭配时的力度。

进一步考虑图5.25~图5.36中2020年12月以及2021年6月两个时点的政策冲击可以发现，新冠疫情发生后，双支柱调控政策对汇市泡沫的冲击特征没有发生显著变化，只是在冲击力度上有细微的差异。

综合上述分析可以发现，短期内，单独实施紧缩性货币政策与宏观审慎政策就能实现对汇市泡沫的有效治理；而从长期看，基于数量型调控政策维度的紧缩性货币政策与宏观审慎政策搭配时的调控效果更佳。

5.3 双支柱政策治理股、债、汇市泡沫 交叉传染行为的效果分析

考虑双支柱调控框架下不同类型政策及其组合对资产价格泡沫跨市场传染行为的影响，具体包括：数量型货币政策对资产价格泡沫跨市场传染行为的影响，如图5.37所示；价格型货币政策对资产价格泡沫跨市场传染行为的影响，如图5.38所示；宏观审慎政策对资产价格泡沫跨市场传染行为的影响，如图5.39所示；数量型与价格型货币政策搭配情形下，两者对资产价格泡沫跨市场传染行为的影响分别如图5.40和图5.41所示；数量型货币政策与宏观审慎政策搭配情形下，两者对资产价格泡沫跨市场传染行为的影响分别如图5.42和图5.43所示；价格型货币政策工具与宏观审慎政策工具搭配情形下，两者对资产价格泡沫跨市场传染行为的影响分别如图5.44和图5.45所示；数量型、价格型货币政策与宏观审慎政策搭配情形下，三者对资产价格泡沫跨市场传染行为的影响分别如图5.46~图5.48所示。

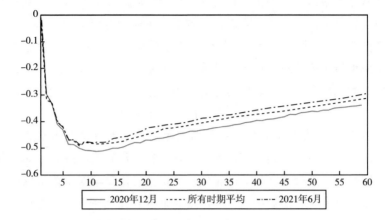

图 5.37　交叉传染行为对数量型货币政策冲击的时变反应

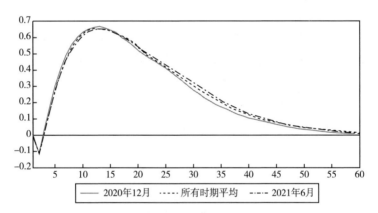

图 5.38　交叉传染行为对价格型货币政策冲击的时变反应

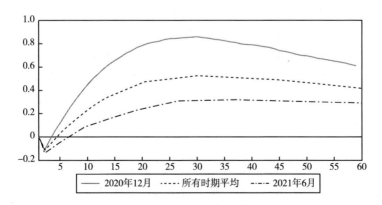

图 5.39　交叉传染行为对宏观审慎政策冲击的时变反应

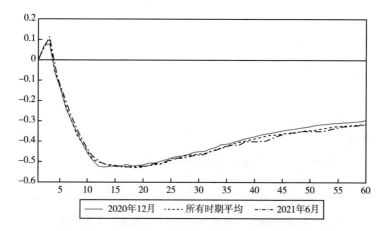

图 5. 40　数量型与价格型政策搭配交叉传染对数量型货币政策冲击的时变反应

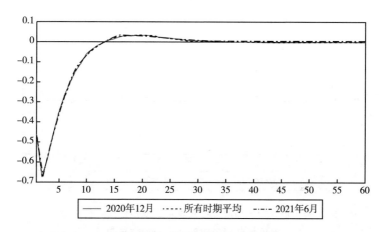

图 5. 41　数量型与价格型政策搭配下交叉传染对价格型货币政策冲击的时变反应

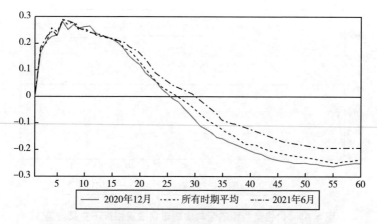

**图 5. 42　数量型货币政策与宏观审慎政策搭配下股市泡沫
对数量型货币政策冲击的时变反应**

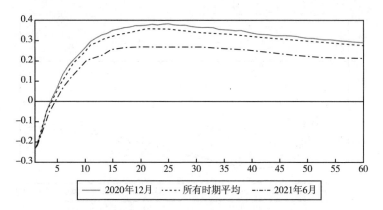

图5.43 数量型货币政策与宏观审慎政策搭配下交叉传染
对宏观审慎政策冲击的时变反应

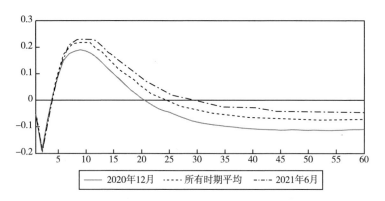

图5.44 价格型货币政策与宏观审慎政策搭配下交叉传染
对价格型货币政策冲击的时变反应

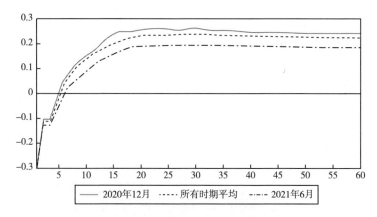

图5.45 价格型货币政策与宏观审慎政策搭配下交叉传染
对宏观审慎政策冲击的时变反应

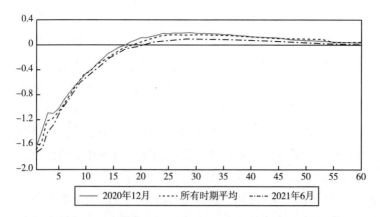

图 5.46　数量、价格型货币政策与宏观审慎政策搭配下交叉传染对数量型货币政策冲击的时变反应

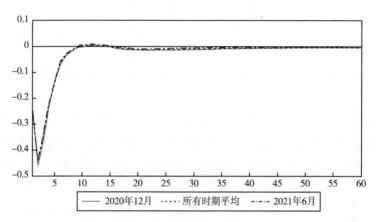

图 5.47　数量、价格型货币政策与宏观审慎政策搭配下交叉传染对价格型货币政策冲击的时变反应

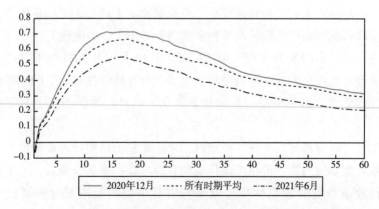

图 5.48　数量、价格型货币政策与宏观审慎政策搭配下交叉传染对宏观审慎政策冲击的时变反应

由图 5.37 可知，数量型货币政策对泡沫传染存在短期的负向冲击效应，这一负效应在迅速增大后保持稳定。由图 5.38 可知，价格型货币政策对泡沫传染存在短期的负向冲击效应，该效应迅速转化为正效应，并在不断快速增大后以相对小的速率下降。由图 5.39 可知，宏观审慎政策对泡沫传染的冲击特征与价格型货币政策类似，差异在于冲击更大，并在长期稳定于更高的正向冲击效应。上述结果表明，从短期看，价格型货币政策与宏观审慎政策均能起到抑制资产价格泡沫跨市场传染的作用；但长期看单一的紧缩性货币政策或宏观审慎政策均无效。

由图 5.40 与图 5.41 可知，数量型与价格型货币政策搭配情形下，两者对泡沫传染的冲击变化特征与单独实施时差异不大，差异在于数量型货币政策的初始冲击为正向冲击；而价格型货币政策在短期内存在的负向冲击会持续更长时间，且长期的正向冲击趋近于零。

由图 5.42、图 5.43 可知，数量型货币政策与宏观审慎政策搭配情形下，两者对泡沫传染的冲击变化特征与单独实施时差异不大，但数量型货币政策的正向冲击会持续近三年之久；而宏观审慎政策的长期正向冲击变小。

由图 5.44、图 5.45 可知，价格型货币政策与宏观审慎政策搭配情形下，价格型货币政策对泡沫传染冲击特征的变化与单独实施及搭配数量型货币政策时类似，差异在于长期看会稳定在一定程度的负向冲击；而宏观审慎政策对泡沫传染的冲击稍弱于与数量型货币政策搭配时的冲击。

由图 5.46 ~ 图 5.48 可知，搭配数量型、价格型货币政策与宏观审慎政策时，数量型货币政策对泡沫传染的负向冲击逐渐增大后稳定为长期的正向冲击；价格型货币政策对泡沫传染的冲击特征发生显著变化，短期的负向正向冲击较大，之后快速变小，在长期稳定于趋近于零的负效应；宏观审慎政策的冲击变化特征与单独实施时差异不大，力度稍弱。

进一步考察图 5.37 ~ 图 5.48 中 2020 年 12 月以及 2021 年 6 月两个时点的政策冲击可以发现，新冠疫情发生后，双支柱调控政策下的政策组合对泡沫传染的冲击特征没有发生显著变化，只是在冲击力度上有细微的差异。

综合上述分析可以发现，短期内，单独实施价格型货币政策或宏观审慎政策均能实现对资产价格泡沫传染的有效治理；而从长期看，基于数量型调控政策维度的紧缩性货币政策与宏观审慎政策搭配时的调控效果更佳。

第6章 房地产泡沫的识别与治理

6.1 房地产泡沫及其治理的现实背景

1998年，住房制度改革以来，我国房地产市场经历了较长时间的上涨，大部分学者认为房价上涨过快将扭曲实体经济的资源配置，抑制家庭消费。如余泳泽和张少辉（2017）、孟庆斌和荣晨（2017）认为，房地产价格的快速上涨扭曲了资源配置，大量资源、信贷资金进入房地产领域，抑制了企业创新，对实体经济产生挤出效应；房地产价格上涨带来的高杠杆，导致消费疲软；徐忠（2017）认为，房地产价格上涨带来的"财富效应"较弱，消费依然取决于收入，居民"为买房而储蓄"，家庭流动性收紧，抑制消费。房价上涨过快积累的资产价格泡沫将对实体经济产生破坏性影响。特别是房价快速上涨及随后的下降容易造成系统性金融风险的集聚和破灭。历史上的荷兰郁金香泡沫、日本房地产泡沫、2008年美国次贷危机演化为全球金融危机等都对经济稳定带来持久性、破坏性影响。金融市场上资产价格上涨和投资者追加杠杆容易形成螺旋，在非理性的"追涨杀跌"和"羊群效应"下，产生资产价格泡沫，泡沫破灭对实体经济造成严重危害（王永钦和徐鸿恂，2019）。陈斌开等（2015）利用中国工业企业数据库的微观数据测算出，房价上涨1%将导致资源配置效率下降0.062%，全要素生产率相应下降0.045%。高涨的房价刺激购房者形成房价"只涨不跌"的预期，并导致居民家庭向银行机构贷款买房，造成居民部门杠杆率攀升；同时，银行机构向家庭发放的个人住房按揭贷款，向平台企业和企业主发放的房地产抵押贷款，向房地产上下游行业如建筑、钢铁、木材等行业发放的关联贷款，三者合计占据了银行信贷资金的主要部分。因此，快速上涨的房价与银行房地产贷款集中度提高、地方政府财政收支加大和居民部门杠杆率攀升形成了加速器机制以及自我强化的顺周期效应。一旦房价经历了快速上涨再下降，则会造成银行机构不良资产率上升、居民部门被收回房产以及政府难以利用土地出让收入抵补财政收入，造成财政支出困难，由此引发整个金融体系的不稳定，并形成系统性金融风险。

根据国家统计局数据，2020 年我国商品房平均销售价格为 9860 元/平方米，而 2000 年为 2112 元/平方米，增长了约 3.67 倍，而同期居民消费价格指数只扩大了 1.58 倍；特别是北京、上海、广州、深圳等一线城市的住房价格已上涨了 7~9 倍。我国房地产在国民经济中占据重要地位。银行信贷占房地产市场价值较高，加上信托、租赁、非标等其他融资渠道流入房地产市场的资金，房地产市场融资量占社会融资总量的占比达50%~60%；土地成本占房地产价格的 40%，因此，房地产市场价值的40% 为土地财政收入，与地方政府投融资模式息息相关。同时，我国房地产市场价格在较长时期内保持快速增长势头，已成为不可忽视的资产价格泡沫。

面对房地产泡沫造成的巨大系统性风险，中央决策层多次强调要加强对房地产市场的调控引导，让其回归居住属性，真正让老百姓住得起房。2016 年中央工作会议提出，要坚持"房子是用来住的，不是用来炒的"定位，综合运用金融、土地、财税、投资、立法等手段，加快研究建立符合国情、适应市场规律的基础性制度和长效机制，既抑制房地产泡沫，又防止出现大起大落。此后，"房住不炒"定位在党的十九大报告和党的二十大报告中一再强调，在 2016 年之后的历年中央经济工作会议中也被不断重申。根据习近平总书记在中央财经领导小组第十四次会议以及 2020年中央经济工作会议上的重要讲话精神，抑制房地产泡沫是提升住房居住属性的重要途径，也是坚持"房住不炒"定位的必然要求。关于"房住不炒"的相关会议和内容表述如表 6.1 所示。

表 6.1　　　　　　　中央决策层关于"房住不炒"的政策阐述

会议名称	历次中央经济工作会议中"房住不炒"相关政策表述
党的十九大	坚持房子是用来住的、不是用来炒的定位，加快建立多主体供给、多渠道保障、租购并举的住房制度，让全体人民住有所居
2017 年中央经济工作会议	要服务于供给侧结构性改革这条主线，促进形成金融和实体经济、金融和房地产、金融体系内部的良性循环
2019 年中央经济工作会议	要坚持房子是用来住的、不是用来炒的定位，全面落实因城施策，稳地价、稳房价、稳预期的长效管理调控机制，促进房地产市场平稳健康发展

会议名称	历次中央经济工作会议中"房住不炒"相关政策表述
2020 年中央经济工作会议	解决好大城市住房突出问题。住房问题关系民生福祉。要坚持房子是用来住的、不是用来炒的定位，因地制宜、多策并举，促进房地产市场平稳健康发展
2021 年中央经济工作会议	要坚持房子是用来住的、不是用来炒的定位，加强预期引导，探索新的发展模式，坚持租购并举，加快发展长租房市场，推进保障性住房建设，支持商品房市场更好满足购房者的合理住房需求，因城施策促进房地产业良性循环和健康发展
党的二十大	坚持房子是用来住的、不是用来炒的定位，加快建立多主体供给、多渠道保障、租购并举的住房制度
2022 年中央经济工作会议	确保房地产市场平稳发展，扎实做好保交楼、保民生、保稳定各项工作……要坚持房子是用来住的，不是用来炒的定位，推动房地产业向新发展模式过渡

党的十九大报告提出，要健全货币政策和宏观审慎政策双支柱调控框架，健全金融监管体系，守住不发生系统性金融风险的底线。2008 年的国际金融危机让宏观审慎政策得到了专家和学者们的众多关注，国际主流经济体央行重新构建金融监管框架。如英格兰银行增设了金融政策委员会，负责制定宏观审慎政策，关注金融系统的尾部风险和内部关联性；欧盟委员会成立了欧洲系统性委员会，负责监测、评估系统性风险，其主席由欧央行行长兼任，秘书处设在欧央行；美国设立金融稳定监督委员会，负责识别和应对金融风险，由财政部部长担任主席，美联储等各金融监管部门参与，共同向国会负责。我国也不甘其后，在中央银行执行货币政策之外，将宏观审慎政策也纳入金融监管体系，与货币政策一起共同维护金融稳定。2019 年 2 月，中国人民银行正式成立了宏观审慎局，专司宏观审慎职能。在货币政策专司经济稳定的前提下，构建双支柱调控框架，维护金融稳定，具有很强的必要性。2020 年 10 月，《中国人民银行法（修订草案征求意见稿）》在我国中央银行的职责定位中增加了制定和执行宏观审慎政策，进一步从法律上确立了中国人民银行承担建设双支柱调控框架的职能定位。金融与风险紧密相随，随着我国金融的深化发展，防范化解金融风险成为高质量发展的重要前提和保障。

我国双支柱政策调控的实践最早出现在房地产领域，中央银行从 2003 年起就对部分热点城市执行首付比限制，防范房地产部门金融风险。同时，房地产市场在我国实体部门和金融部门都具有重要地位，利用双支柱政策抑制房地产市场价格泡沫，对于我国经济金融高质量发展具有重要意义。

（1）因城施策一直是决策层调控房地产市场的政策指引，而在诸多政策工具箱中，限购政策由于可以直接作用于房地产市场的需求侧，通过住房需求曲线向左下方的移动以降低住房均衡价格，理论上可以有效控制房价上涨，而双支柱政策对房地产泡沫的影响更多的是从宏观层面考察，缺少城市级的考量，为此，从因城施策的维度系统考察双支柱调控政策对房地产市场的影响，具有较强的实践价值。

（2）正如陈钊和申洋（2021）所指出，高房价并不必然意味着住房投机，但住房市场泡沫却一定是炒房的结果。因此，在讨论双支柱调控政策对房地产市场的影响时，不能仅停留在对房价上涨的影响，更应考虑其对房地产泡沫的抑制作用，如果没有产生房地产泡沫，调控政策的作用更多是限制了住房市场的刚性需求，虽然降低了房地产泡沫风险的可能性，但也不利于满足人民群众合理的购房需求，不利于房地产业良性循环和健康发展目标的实现。因此，从双支柱调控政策视角讨论如何因城施策抑制房地产泡沫时，潜在的学术问题是：双支柱调控政策是否有效的政策工具？调控时机应如何把握？为此，对双支柱政策抑制房地产价格泡沫的理论机制进行分析，建立面板模型进行计量分析，并进行多重稳健性检验，系统考察双支柱调控政策对房地产泡沫的治理效果，不仅扩展了双支柱调控政策的应用研究，也为因城施策地抑制房地产泡沫，实现房地产业良性循环和健康发展提供了政策参考。

6.2 双支柱调控政策治理房地产泡沫的机理分析

在当前背景下，金融体系与经济体系表现出较强的相互影响和内生关系，双支柱调控框架是金融深化背景下，金融周期与经济周期、金融稳定与经济稳定相互影响加深的产物。从政策作用机理来看，一方面，货币政策能够影响金融稳定：适宜的货币金融环境是金融体系和金融机构保持稳健的前提条件，低通货膨胀的环境有利于保持金融稳定；金融体系具有顺周期特征，一旦货币政策发生转向，金融周期上行阶段积累的风险很可能会被释放；货币政策转向还会强化汇率的溢出效应，造成资本外逃和债务危机的可能（李斌，2019；王信，2019）。另一方面，宏观审慎政策对某一领域贷款集中度的限制以及对金融机构提高资本金和流动性监管的要求等，也会影响银行信贷和经济活动（黄益平，2019）。从房地产行业的属性来看，房地产行业不仅能够带动众多上下游行业的发展，在实体经济中占据主导地位；同时，房地产也是资本密集行业，与金融部门尤其是银行体系关联紧密，大量银行业资金通过房地产贷款或者抵押融资的方式流入该领域。因此，抑制房地产价格泡沫应充分考虑货币政策和宏观审慎政策的协调配合，并在不同的经济和金融周期阶段采用不同的政策组合搭配。

6.2.1　双支柱调控政策协调配合的理论基础

货币政策通过影响信用创造和政策预期实现经济稳定（物价稳定），可有效应对实体经济领域的总需求冲击；宏观审慎政策可直接作用于某一领域或某一类型金融机构，通过对加杠杆和提高资本要求等的限制，有效应对金融体系的顺周期风险和跨机构、跨市场传染的金融风险。两者各有政策优势和着力点，具有相互辅助、互为补充的关系，在协调配合时，应首先发挥各自相对优势，侧重有调控优势的政策目标，并尽量兼顾与另一政策的协调配合。

宏观审慎政策能够抑制资产价格泡沫；货币政策的协调配合能够显著提升政策效果。大部分研究学者认为应对资产价格泡沫，宏观审慎政策相对货币政策是具有比较优势的（Shin，2015）。资产价格泡沫产生的根本缘由是供给缺乏弹性，资产价格上涨带来的投资（投机）收益催生了过量需求，从而引起了金融体系资金对资产的追逐（李斌，2019）。因此，仅通过宏观审慎政策限制信贷资金向某一领域的流入还不够，在金融高度深化的背景下，其他渠道资金也会通过金融创新等形式流入资产价格上涨领域，从而使得调控效果欠佳。以中国房地产领域为例，贷款价值比的限制反而催生了消费贷资金、理财资金以及影子银行体系资金过量流入房地产领域，使得房地产价格居高不下，甚至越涨越高。因此，在实施宏观审慎政策的同时，还要以货币政策为协调，才能达到更好的政策效果。陈雨露和马勇（2012）提出，宏观审慎政策的定向调节优势要以适当的货币政策调控为基础，要以审慎的货币政策做支撑。希米诺（Himino，2015）对美日两国的资产价格泡沫进行分析后发现，宏观审慎政策可以通过调控贷款价值比来稳定资产价格，但前提是货币政策应对总量的信贷规模扩张进行控制。陈创练等（2022）创新性地从信贷流动性约束视角出发，构建了符合中国国情的 DGE 模型，对信贷约束产生的宏观经济效应以及货币政策的应对进行研究，发现信贷约束能够增强货币政策调控经济增长目标的弹性空间；且当搭配盯住杠杆的货币政策时才能实现经济增长和降杠杆的双重目标。

6.2.2 双支柱调控政策治理房地产价格泡沫的理论机理

货币政策和宏观审慎政策的目标、工具如表 6.2 所示。

表 6.2 货币政策和宏观审慎政策的目标和工具

	货币政策	宏观审慎政策
政策目标	经济稳定（物价稳定）	金融稳定
政策工具	公开市场操作；贴现窗口和贴现率；准备金要求；隔夜逆回购；商业票据融资便利；一级交易商信贷便利；货币市场基金流动性便利；一级市场公司信贷便利；二级市场公司信贷便利；定期资产支持证券贷款工具；薪资保障计划流动性贷款工具；中央银行流动性互换；大众商业贷款计划；市政流动性工具	集中度限制；同业交易限制；贷款价值上限；债务收入比；准备金要求；外国贷款限制；杠杆率；信贷增长约束；动态拨备；系统重要性金融机构；逆周期资本要求

资料来源：美联储官网；IMF 编制的 Macroprudential Policy Dataset（2018），转引自马勇（2019）。

从货币政策的使用来看，价格型货币政策相对数量型货币政策在治理资产价格泡沫方面更有效。这是因为利率提高，购买资产的负债成本提高，在资产收益率不变的情况下，能够降低资产的需求，有效抑制资产价格泡沫；而若采取收缩货币供应量的政策，在其他条件不变的情况下，金融体系内其他渠道资金仍会绕道流入资产领域，促进资产价格泡沫膨胀。根据以往的文献分析，宏观审慎政策工具可以分为三类，分别是信贷类、资本类和流动类工具。信贷类工具主要针对金融机构的借款者，通过对借款者进行约束从而限制贷款数量，如贷款价值比（LTV）、债务收入比（DTI）等；而资本类和流动类政策工具主要针对金融机构，资本类工具关注金融机构的安全性，通过提高资本金要求来增强其抵抗冲击的能力，包括逆周期资本监管、杠杆率监管等；流动类工具关注金融机构的流动性，通过增强金融机构稳定的资金供给能力而提升其抵御流动性冲击的能力，主要包括拨备覆盖率、准备金要求以及存贷比要求等。

资产价格泡沫是指资产价格超过其基础价值的部分，房地产泡沫通常是指房地产价格超过住宅基础价值的部分。根据房地产行业的特点，抑制房地产价格泡沫有以下三点需要关注。（1）房地产泡沫是具有信贷支撑的泡沫，不是仅仅依靠预期而没有金融资源流入的领域。与房地产相关的信贷资金在银行信贷中比重较高，根据中国人民银行发布的《关于建立银行业金融机构房地产贷款集中度管理制度的通知》，要求6家国有大行、12家股份制银行和部分城商行在过渡期内实现房地产贷款占全部贷款的比重不超过40%、32.5%，从侧面说明了房地产贷款在银行体系中的比重较高。（2）房地产泡沫与地方政府抬高地价、土地财政依赖模式具有重要关联。房地产泡沫的形成与地方政府抬高地价密不可分，房地产价格的40%为地方的土地财政收入，再加上地方政府利用土地财政收入进行城市经营建设支出（投资），形成土地财政依赖（融资），进一步加剧了地方政府调控地价的主动权，地价抬高与房价上涨形成互为因果的循环关系，助长了房地产价格泡沫，从而在抑制房地产泡沫时要充分考虑地方政府的投融资模式转变。（3）抑制房地产泡沫要谨防房地产价格大幅下降带来的经济金融风险。一方面，房地产价格大幅降低后，银行抵押品价值下降、地方政府土地财政收入减少，借款者（个人和政府）违约可能性增加，在财政和金融领域引起风险。另一方面，房地产价格大幅降低后，房地产企业流动性风险增加，与房地产相关的上下游企业的账款周期和现金流量受到影响，容易引起实体企业流动性风险。马理和范伟（2021）将房地产价格分解为由居住属性决定的基础价格和由投资属性决定的投资价格。为研究促进"房住不炒"的"双支柱调控框架"的政策效应，将房地产价格偏离基础价格的部分作为外生冲击引入DSGE模型进行分析。研究发现，房地产泡沫对实体经济增长有挤出效应，且会造成较大的金融风险累积；单一的货币政策或宏观审慎政策难以在稳增长和降风险之间找到平衡；双支柱政策可实现优势互补，在抑制房价过快上涨和降低金融风险的同时，促进经济增长。司登奎等（2019）指出，不同宏观审慎政策的锚定方向和操作力度不一样，不能采取"一刀切"政策。特别是应对不同的房地产价格冲击来源，应采用不同的宏观审慎政策工具。当房价波动来源于住房需求冲击时，应着重对贷款价值比（LTV）进行调控；当房价波动来源于房地产部门生产率冲击时，则应选择资本充足率进行调控。

根据以上特点分析，抑制房地产价格泡沫要充分考虑经济金融周期叠加带来的风险传染和扩散；同时，应充分依靠LTV上限等宏观审慎政策工具抑制信贷资金流入房地产领域；且应对地方政府土地财政收入依赖路径下的投融资模式予以关注。具体地，当经济、金融均处于上升周期时，利用贷款价值比等宏观审慎政策工具抑制资产价格泡沫的同时，应提高利率和减少货币供应量，对经济、金融进行逆周期调节；当经济、金融均处于下降周期时，在选用贷款价值比政策工具的同时，应降低利率、扩大货币供应量，在抑制资产价格泡沫的同时，对经济、金融进行逆周期调节；当经济、金融周期不同步时，抑制资产价格泡沫，采用贷款价值比政策工具的同时，应综合判断经济、金融周期产生的原因，配合使用其他价格型和数量型货币政策工具。

6.3 房地产泡沫的识别

6.3.1 房地产泡沫理论模型

根据布兰查德和沃森（Blanchard and Watson, 1982）的研究，在投资者理性的假设下，房价由内在价值和泡沫构成，房地产泡沫表现为房价对其内在价值的偏离。假设 y_t 是 t 时刻的房价；d_t 为第 $t-1$ 期到第 t 期的租金；r_f 表示折现率。在理性投资者的假定下，房地产市场不存在套利机会，则：

$$y_t = E_t[y_{t+1} + d_{t+1}]/(1 + r_f) \tag{6.1}$$

其中，E_t 代表以 t 期之前的历史信息为条件的期望。将式（6.1）向前迭代，可以得到：

$$y_t = \sum_{i=1}^{\infty} \frac{E_t d_{t+i}}{(1 + r_f)^i} + \lim_{j \to \infty} \frac{E_t y_{t+j}}{(1 + r_f)^j} \tag{6.2}$$

式中的两部分分别为房地产的内在价值和泡沫部分，即：

$$y_t^* = \sum_{i=1}^{\infty} \frac{E_t d_{t+i}}{(1 + r_f)^i} \tag{6.3}$$

$$b_t = \lim_{j \to \infty} \frac{E_t y_{t+j}}{(1 + r_f)^j} \tag{6.4}$$

则 $y_t = y_t^* + b_t$，由于内在价值反映了未来预期租金的现值之和，而预期也建立在投资者理性的基础之上，如果投资者理性的假定不能满足，根据式（6.4），泡沫永远为正，当价格出现偏离即存在泡沫时，泡沫会不断增大。由于 $y_{t+1} = y_{t+1}^* + b_{t+1}$，结合 $y_t = E_t[y_{t+1} + d_{t+1}]/(1 + r_f)$，可得：

$$y_t = \frac{E_t(y_{t+1}^* + b_{t+1} + d_{t+1})}{1 + r_f} = \frac{E_t y_{t+1}^*}{1 + r_f} + \frac{E_t b_{t+1}}{1 + r_f} + \frac{E_t d_{t+1}}{1 + r_f} \tag{6.5}$$

加之 $y_t^* = \sum_{i=1}^{\infty} E_t d_{t+i}/(1 + r_f)^i$，则 $\dfrac{E_t y_{t+1}^*}{1 + r_f} + \dfrac{E_t d_{t+1}}{1 + r_f} = y_t^*$，可得：

$$y_t = y_t^* + \frac{E_t b_{t+1}}{1 + r_f} \qquad (6.6)$$

综合考虑 $y_t = y_t^* + b_t$，可知：$E_t b_{t+1} = (1 + r_f) b_t$，据此进行迭代，可知：$E_t b_{t+h} = (1 + r_f)^h b_t$。这意味着理性泡沫在期望意义上呈现指数型爆炸增长特征。在这一特征下，理性投资者仍会买进存在泡沫的住房，而寄望于以更高的价格卖出而牟利，这一行为的循环会导致房价不断推高，房地产泡沫也会长期存在。

实际上，检验是否存在房地产泡沫的关键就集中在对式（6.6）的理解。直接检验法认为可以根据 $y_t^* = \sum_{i=1}^{\infty} E_t d_{t+i} / (1 + r_f)^i$ 度量房地产的内在价值，结合我国对住宅使用年限的界定，大致可等价于 $y_t^* = \sum_{i=1}^{70} E_t d_{t+i} / (1 + r_f)^i$，那么度量内在价值的关键在于各期租金以及折现率的确定。由于租金本身就与房价存在很强的相关性，也与宏观经济状况息息相关，而折现率也会受到无风险利率、通货膨胀率、抵押利率、房屋折旧以及税率等因素影响，两者均难以准确界定。

因此，更合理的检验方法应着眼于对泡沫成分的考察，根据 $E_t b_{t+1} = (1 + r_f) b_t$，如果存在房地产泡沫，则房价租金比会呈现发散的趋势，可以通过一阶自回归模型（6.7）描述：

$$y_t = \alpha + \beta y_{t-1} + \varepsilon_t, t = 1, \cdots, T \qquad (6.7)$$

其中，y_t 代表 t 时刻的房价租金比数据；ε_t 为白噪声序列。如果在一段时期内 $\beta > 1$，则房价租金比呈现发散走势；如果 $\beta = 1$，则通过对房价租金比建立自回归模型，判断自回归系数对 1 的偏离检验是否存在房地产泡沫，不同于传统的单位根检验，检验过程中需要借助右侧单位根检验。当存在房地产泡沫时意味着自回归系数 $\beta > 1$。进而，检验房地产泡沫是否存在的问题就转化为检验 β 是否显著大于 1。构造相应的假设检验的零假设为不存在房地产泡沫，即 $\beta \leqslant 1$；备择假设为存在房地产泡沫，即 $\beta > 1$。

具体到本研究考察的房地产市场泡沫，对下述模型中 β 是否大于 1 进行检验：

$$y_t = \alpha + \beta y_{t-1} + \sum_{i=1}^{p} \varphi_i \Delta y_{t-i} + \varepsilon_t, \varepsilon_t \sim iid(0, \sigma^2) \qquad (6.8)$$

根据房价租金比的真实数据生成过程呈现出单位根（$\beta = 1$）或爆炸性特征（$\beta > 1$），可分别用于描述房价租金比无泡沫和有泡沫过程的特征。具体检验时，首先对房价租金比的真实数据过程是否遵从线性自回归模型进行检验，后续研究中通过对样本城市房价租金比序列的非线性检验发现，房价租金比序列均为线性自回归过程，满足 SADF 检验的应用条件。

根据菲利普斯等（Phillips et al.，2011）的研究，SADF 检验方法可以有效检验线性自回归过程下资产价格是否存在泡沫，该方法结合了向前递归回归和右侧单位根检验方法。首先，基于研究的 T 个样本值，利用前 $[r_0 T]$ 个样本对式（6.8）进行估计，其中（$0 \leq r_0 \leq 1$），根据估计的参数值得到 ADF 统计量。然后固定回归起始点，逐渐拓展样本期间，通过增加样本量对式（6.8）进行回归得到对应的 ADF 统计量，根据形成的 $T - r_0 T + 1$ 个 ADF 统计量的序列，定义其上确界为 SADF 统计量：

$$SADF(r_0) = \sup_{r_2 \in [r_0, 1]} ADF_0^{r_2} \tag{6.9}$$

SADF 检验是右尾单侧检验，结合构建的零假设为单位根过程，备择假设为爆炸根过程，根据连续映射定理，在零假设成立时，SADF 统计量依分布收敛到其对应分布的上确界，进而有：

$$SADF(r_0) \xrightarrow{d} \sup_{r_2 \in [r_0, 1]} \frac{r_2^{1/2} \int_0^{r_2} W(t)dW - W(r_2) \int_0^{r_2} W(t)dt}{\left[r_2 \int_0^{r_2} W(t)^2 dW - \left(\int_0^{r_2} W(t)dt \right)^2 \right]^{1/2}}$$

$$\tag{6.10}$$

由于存在多个泡沫时，SADF 检验对泡沫生成以破灭的时间估计量会存在不一致等问题，而 GSADF 检验不仅通过前向递归增加样本量，也递归地改变样本的初始点，进行全局检验，结论更加科学。具体地，通过给定 r_1，在 $[0, r_2 - r_0]$ 的区间内变化，相应地得到一系列 ADF 统计量，则有：

$$GSADF(r_0) = \sup_{\substack{r_2 \in [r_0, 1] \\ r_1 \in [0, r_2 - r_0]}} ADF_{r_1}^{r_2} \tag{6.11}$$

根据菲利普斯等（Phillips et al.，2013）的研究可知：

$$GSADF(r_0) \xrightarrow{d} \sup_{\substack{r_2 \in [r_0, 1] \\ r_1 \in [0, r_2 - r_0]}} \frac{r_2 \left[\int_{r_1}^{r_2} W(t)dW - r_2/2 \right] - \int_{r_1}^{r_2} W(t)dt [W(r_2) - W(r_1)]}{r_2^{1/2} \left[r_2 \int_{r_1}^{r_2} W(t)^2 dW - \left(\int_{r_1}^{r_2} W(t)dt \right)^2 \right]^{1/2}}$$

$$\tag{6.12}$$

通过不断变化 r_2，当 $GSADF_{r_2}(r_0)$ 统计量的值首次大于其对应临界值时，该时刻被视为泡沫的生成点；当 $GSADF_{r_2}(r_0)$ 统计量的值开始小于对应临界值时，则该时刻为泡沫的破灭点，两个时间点之间为泡沫的持续期。显然，相较 SADF 检验，GSADF 检验可以更准确地发现泡沫变化的动态特征（简志宏和向修海，2012）。

6.3.2 中国城市房地产泡沫的精准识别

由于不同城市是否存在房地产泡沫以及泡沫产生和破灭的过程不同，为有效地因城施策，应对不同规模城市进行全面考察，具体采用我国 199 个地级市 2011 年 1 月~2020 年 12 月的房价租金比数据进行分析，数据源自中国房价行情平台下禧泰数据库商品住宅价格及租金的报价数据。首先对各城市房价租金比的真实数据生成过程进行非线性检验，结果发现均为线性自回归模型。进而，可以结合 SADF 与 GSADF 方法识别期泡沫特征，具体检验的起始估计窗口期为 12 个月。进一步，基于蒙特卡洛模拟得到在不同显著性水平下的 SADF 检验以及 GSADF 检验统计量，模拟次数设置为 2000 次，检验结果如表 6.3 所示。

表 6.3　　　　　中国 199 个地级市房地产泡沫状况检测结果

城市	SADF	GSADF	城市	SADF	GSADF	城市	SADF	GSADF
安康	-0.750	0.699	嘉兴	0.810	3.525 ***	石家庄	4.574 ***	7.468 ***
安庆	0.494	2.184 *	江门	-0.910	0.607	四平	-1.429	-0.428
安阳	-0.296	1.720	焦作	-2.042	-0.207	苏州	1.219 *	2.611 **
鞍山	-1.385	-0.814	金华	-1.019	0.672	宿迁	-0.673	0.426
蚌埠	-0.659	1.507	锦州	-1.317	-0.205	随州	-1.189	-0.544
包头	-0.804	0.242	晋城	-1.262	0.297	台州	-0.567	0.551
宝鸡	-1.370	0.263	荆州	0.062	0.858	太原	1.581 **	2.114 *
保定	-0.732	0.764	景德镇	-0.797	0.900	泰安	-0.858	-2.069
北海	0.115	1.329	九江	1.085	2.156 *	泰州	-1.004	1.074
北京	2.833 ***	4.843 ***	喀什	-1.180	-0.795	唐山	2.483 ***	3.189 ***
本溪	-0.800	-0.703	开封	-1.154	1.753	天津	2.486 ***	4.001 ***
滨州	-0.627	0.864	昆明	0.742	2.596 **	通辽	-1.702	1.055
亳州	-1.259	-0.036	兰州	-0.390	1.289	威海	0.597	0.597
沧州	0.741	3.010 ***	廊坊	3.246 ***	4.478 ***	潍坊	-0.790	0.333
昌吉	-1.711	-0.200	乐山	-1.186	0.727	渭南	-0.840	0.417
长春	-0.080	1.445	连云港	0.241	1.614	温州	-0.087	0.701

城市	SADF	GSADF	城市	SADF	GSADF	城市	SADF	GSADF
常德	−2.223	0.315	辽阳	−0.289	0.520	乌鲁木齐	0.380	1.051
长沙	1.461 **	5.181 ***	聊城	−0.135	2.542 **	无锡	3.558 ***	4.136 ***
常州	2.935 ***	4.577 ***	临汾	−1.897	−0.198	芜湖	−0.759	2.602 **
朝阳	−1.0277	−0.553	临沂	0.389	1.290	梧州	−2.635	−0.292
郴州	−1.2297	2.188 *	柳州	−1.607	1.093	武汉	5.477 ***	5.799 ***
成都	1.841 ***	3.066 ***	六安	−0.603	2.030 *	武威	−1.453	−0.285
池州	−1.560	2.3774 **	龙岩	−1.229	2.561 **	西安	2.042 ***	4.691 ***
重庆	1.980 ***	3.573 ***	泸州	−2.059	0.598	西宁	−0.169	1.738
滁州	0.201	1.016	洛阳	0.607	2.108 *	咸阳	−1.114	1.187
达州	−1.895	0.155	漯河	−0.743	0.569	湘潭	−0.892	2.234 *
大理	−0.393	0.719	马鞍山	−0.489	1.354	襄阳	−0.670	1.467
大连	0.363	1.517	茂名	−2.802	−0.076	新乡	−0.584	2.154 *
大庆	−1.581	−0.020	眉山	−0.745	0.543	新余	−2.375	0.420
丹东	−2.544	−0.130	梅州	−1.511	0.993	信阳	−0.858	1.512
德阳	−0.732	1.137	绵阳	−0.630	0.328	邢台	1.383 *	2.411 **
德州	−0.409	1.788	牡丹江	−0.373	0.886	徐州	−0.106	2.980 **
东莞	3.184 ***	3.324 ***	南昌	−1.077	0.897	许昌	−0.621	1.034
东营	0.164	1.053	南充	−0.373	0.606	宣城	−2.154	0.027
佛山	3.702 ***	4.207 ***	南京	1.732 **	1.847 **	烟台	−1.006	0.883
福州	3.491 ***	4.426 ***	南宁	0.454	2.603 **	盐城	−0.305	2.851 ***
抚顺	−1.262	−0.361	南平	−1.671	0.035	扬州	0.429	2.254 *
阜新	−3.034	−0.336	南通	0.088	2.801 **	阳江	−1.174	1.114
赣州	−1.631	0.353	南阳	−1.509	0.868	宜宾	−0.675	0.417
广元	−1.272	1.318	宁波	0.097	3.213 ***	宜昌	−0.284	0.938
广州	3.247 ***	3.247 ***	宁德	−1.151	2.040 *	宜春	−1.858	2.130 *
贵港	−1.808	0.055	攀枝花	−1.177	0.832	益阳	−2.434	0.363
贵阳	1.067	1.642	平顶山	−1.335	−0.028	银川	−1.787	0.570
桂林	−1.342	1.422	莆田	0.387	3.220 ***	鹰潭	−2.193	−0.214
哈尔滨	0.120	0.687	濮阳	−1.396	−0.246	营口	−1.367	−0.621
海口	1.298 *	2.189 *	齐齐哈尔	−0.618	−0.046	榆林	−0.350	0.342
邯郸	1.227	1.831	钦州	−1.276	−0.038	玉溪	−1.245	0.705
杭州	0.308	2.856 **	秦皇岛	−0.768	−0.359	岳阳	−1.261	1.525
合肥	2.842 ***	4.282 ***	青岛	0.423	1.818 *	枣庄	−0.042	0.569

城市	SADF	GSADF	城市	SADF	GSADF	城市	SADF	GSADF
河源	0.521	2.315 *	清远	0.577	1.746	湛江	-0.580	1.864 *
菏泽	-0.331	0.075	衢州	-0.720	1.704	张家口	2.125 ***	2.969 ***
衡水	1.052	2.763 **	泉州	0.707	2.132 *	漳州	2.353 ***	4.005 ***
衡阳	-2.657	0.013	日照	-1.234	1.776	肇庆	-2.360	1.185
呼和浩特	0.096	1.562	三门峡	-1.823	-0.304	镇江	0.450	2.528 **
湖州	-0.632	2.145 *	三明	-2.110	-0.498	郑州	0.911	3.775 ***
怀化	-1.885	0.483	三亚	-0.440	0.268	中山	1.767 ***	3.702 ***
淮安	-0.267	1.358	厦门	3.113 ***	3.741 ***	舟山	-1.200	1.438
淮北	-2.083	-0.301	汕头	-0.705	0.909	周口	-0.698	0.805
淮南	-1.834	0.972	商丘	-2.496	0.858	珠海	1.833 **	3.373 ***
黄山	-1.121	2.596 **	上海	1.930 **	2.757 **	株洲	-0.441	3.299 ***
黄石	-2.193	1.915	上饶	-0.541	0.844	驻马店	-1.944	-0.270
惠州	2.546 ***	2.867 **	韶关	-1.285	1.079	资阳	-1.089	2.065 *
吉安	-1.130	2.008	邵阳	-2.179	-0.206	淄博	-1.359	1.620
吉林	0.320	0.510	绍兴	-0.657	1.567	自贡	-1.688	0.078
济南	2.719 ***	4.106 ***	深圳	1.605	1.615	遵义	-1.598	0.783
济宁	-1.099	0.011	沈阳	-0.013	1.397			
佳木斯	-3.389	0.516	十堰	0.221	1.042			

注：* 、** 、*** 分别表示 10%、5%、1% 的显著性水平上显著。

进一步识别样本城市房地产泡沫生成和破灭的时点，可以得到中国城市房地产泡沫的持续期，具体如表 6.4 所示。

表 6.4 房地产泡沫的持续期

样本城市	第 1 个泡沫		第 2 个泡沫		第 3 个泡沫	
	生成	破灭	生成	破灭	生成	破灭
安庆	2017 年 7 月	2017 年 11 月				
北京	2012 年 2 月	2012 年 6 月	2013 年 2 月	2013 年 5 月	2016 年 9 月	2017 年 8 月
沧州	2016 年 6 月	2017 年 7 月				
长沙	2012 年 7 月	2012 年 10 月	2016 年 12 月	2018 年 5 月		
常州	2017 年 2 月	2018 年 4 月				
郴州	2017 年 10 月	2017 年 12 月				
成都	2012 年 6 月	2012 年 10 月	2017 年 2 月	2018 年 5 月		
池州	2017 年 10 月	2018 年 1 月				

样本城市	第1个泡沫		第2个泡沫		第3个泡沫	
	生成	破灭	生成	破灭	生成	破灭
重庆	2012 年 3 月	2012 年 10 月	2016 年 12 月	2017 年 12 月		
东莞	2014 年 4 月	2014 年 6 月	2015 年 12 月	2018 年 3 月	2020 年 9 月	
佛山	2017 年 1 月	2017 年 12 月				
福州	2015 年 11 月	2018 年 7 月				
广州	2016 年 10 月	2017 年 11 月				
海口	2017 年 6 月	2017 年 12 月	2017 年 3 月	2018 年 10 月		
杭州	2016 年 10 月	2016 年 12 月				
合肥	2015 年 12 月	2018 年 6 月				
河源	2017 年 6 月	2017 年 12 月				
衡水	2017 年 3 月	2018 年 6 月				
湖州	2017 年 9 月	2017 年 11 月				
黄山	2017 年 8 月	2017 年 12 月				
惠州	2016 年 3 月	2017 年 11 月				
济南	2016 年 10 月	2018 年 5 月				
嘉兴	2016 年 9 月	2018 年 3 月	2020 年 11 月			
九江	2017 年 6 月	2017 年 12 月				
昆明	2016 年 11 月	2017 年 1 月	2017 年 4 月	2017 年 12 月		
廊坊	2016 年 3 月	2017 年 10 月				
聊城	2017 年 8 月	2017 年 12 月				
六安	2017 年 5 月	2017 年 12 月				
龙岩	2017 年 5 月	2017 年 7 月				
洛阳	2017 年 6 月	2017 年 12 月	2019 年 5 月	2019 年 7 月		
南京	2016 年 3 月	2016 年 6 月	2016 年 10 月	2017 年 4 月		
南宁	2017 年 5 月	2017 年 11 月				
南通	2017 年 4 月	2017 年 12 月				
宁波	2017 年 5 月	2017 年 8 月				
宁德	2017 年 7 月	2017 年 11 月				
莆田	2017 年 5 月	2017 年 12 月				
青岛	2016 年 10 月	2017 年 2 月	2017 年 5 月	2017 年 11 月		
泉州	2017 年 5 月	2017 年 11 月				
厦门	2016 年 4 月	2018 年 3 月				
上海	2016 年 4 月	2017 年 11 月				

样本城市	第1个泡沫		第2个泡沫		第3个泡沫	
	生成	破灭	生成	破灭	生成	破灭
深圳	2015年12月	2017年3月	2020年10月			
石家庄	2016年6月	2018年5月				
苏州	2016年1月	2018年3月				
太原	2018年6月	2020年2月	2020年9月			
唐山	2017年5月	2021年2月				
天津	2016年6月	2017年11月				
无锡	2016年7月					
芜湖	2017年2月	2018年6月				
武汉	2012年6月	2012年9月	2016年5月	2018年7月		
西安	2017年5月	2019年11月				
湘潭	2016年7月	2016年9月	2017年6月	2017年11月		
新乡	2017年8月	2017年11月				
邢台	2012年12月	2013年2月	2017年5月	2017年11月		
徐州	2017年4月	2017年9月				
盐城	2017年2月	2017年11月				
扬州	2017年7月	2017年11月				
宜春	2017年9月	2018年1月				
湛江	2017年5月	2017年11月				
张家口	2017年2月	2017年11月				
漳州	2016年5月	2017年12月				
镇江	2017年2月	2018年5月				
郑州	2012年3月	2012年9月	2016年8月	2018年3月		
中山	2016年2月	2018年9月				
珠海	2016年3月	2017年11月				
株洲	2017年8月	2017年12月				
资阳	2013年9月	2013年11月				

6.4 双支柱调控政策对房地产泡沫的治理效果评估

6.4.1 数据描述与变量说明

（1）数据描述。实证部分使用的数据包括我国199个地级市2012～

2020 年的宏观经济数据。房价租金比数据进行分析，数据源自中国房价行情平台下禧泰数据库商品住宅价格及租金的报价数据。数据来源于历年《中国统计年鉴》和《中国城市统计年鉴》。

（2）变量说明。构建以下双固定效应模型探究双支柱调控政策与房地产泡沫之间的关系：

$$Y_{it} = \alpha_0 + \alpha_1 X_{it} + \gamma Control_{it} + \theta_i + \mu_t + \delta_{it} \qquad (6.13)$$

其中，i 表示城市，t 表示年份，Y_{it} 表示第 i 个城市 t 年的房地产泡沫，用两种方式测度，一种为年末的 GSADF 检验统计量，计为 $lgsadf$；一种为年内按月平均的 GSADF 检验统计量，计为 $agsadf$。X_{it} 表示双支柱调控政策，具体包括代表宏观审慎政策工具的法定存款准备金率以及代表货币政策工具的银行信贷增长率。$Control_{it}$ 表示城镇化水平、人口增长、社会消费品零售总额、土地出让收入、财政收入、财政支出、价格水平、收入水平与消费水平等控制变量的集合，θ_i 表示城市层面固定效应，μ_t 表示年份固定效应，δ_{it} 代表随机误差项。具体变量说明及描述性统计分析如表 6.5 所示。

表 6.5　　　　　　　　　　　变量说明及描述性统计

	变量	定义	观测值	平均值	中位数	最小值	最大值
被解释变量	（$lgsadf$）	年末值	1791	−1.084	−1.199	−4.867	4.531
	（$agsadf$）	平均值	1791	−1.124	−1.235	−4.596	3.664
解释变量	宏观审慎政策（$lrd1$）	法定存款准备金率（大型金融机构）	1791	16.78	17	12	20
	宏观审慎政策（$lrd2$）	法定存款准备金率（中小型金融机构）	1791	14.78	15	10	18
	货币政策（$credit$）	银行信贷增长率	1791	14.43	14.28	−34.14	101.3
控制变量	城镇化水平（$urban$）	城镇人口/总人口	1791	57.74	55.78	21.61	100
	人口增长（pop）	人口增长率	1791	5.386	4.900	−16.64	38.80
	社会消费品零售总额（$consumption$）	社会消费品零售总额增长率	1791	9.836	11.21	−71.55	110.1

变量		定义	观测值	平均值	中位数	最小值	最大值
控制变量	土地出让收入 (*land*)	土地出让金/财政收入	1791	0.575	0.481	0	3.494
	财政收入 (*fisrev*)	财政收入增长率	1791	8.515	8.020	−58.59	148.7
	财政支出 (*fisexp*)	财政支出增长率	1791	11.17	9.439	−60.45	161
	价格水平 (*cpi*)	消费者物价指数	1791	2.186	2.184	−1	6.500
	收入水平 (*income*)	城镇居民人均可支配收入增长率	1791	8.036	8.399	−25.81	56.60
	消费水平 (*conexp*)	城镇居民消费支出增长率	1791	6.723	7.579	−38.72	106.2

6.4.2 实证分析结果

表 6.6 给出了宏观审慎政策和货币政策治理房地产泡沫效果的实证分析结果。列（1）、列（3）分别为宏观审慎政策和货币政策不加控制变量时对房地产泡沫的回归结果；列（2）、列（4）为加入控制变量后的回归结果；列（5）为双支柱调控框架下宏观审慎政策与货币政策协调搭配下对房地产泡沫的治理效果分析。列（2）中法定存款准备金率对于房地产泡沫的回归系数为负，且在 1% 的显著性水平上显著；列（4）中信贷对于房地产泡沫的回归系数在 1% 的显著性水平上显著为正；列（5）中法定存款准备金率的回归系数显著为负，信贷余额的回归系数为正，两者交互项的回归系数显著为正。结果表明宏观审慎政策能够有效抑制房地产泡沫，而宽松的货币政策则会助长房地产泡沫的生成，双支柱调控政策的组合使用同样可以有效治理房地产泡沫。通过回归系数的比较可以发现，宏观审慎政策与紧缩性货币政策的协调搭配较单独采用宏观审慎政策可以更有效地实现对房地产泡沫的治理。考虑到可能存在的内生性问题，在静态面板数据模型的基础上，加入房地产泡沫的滞后项，进一步利用系统 GMM 模型研究双支柱调控政策对房地产泡沫的影响，结果如列（6）、列（7）所示。Hansen 检验结果表明，不能拒绝过度识别的原假设，选择的工具变量有效；AR（1）和 AR（2）的 *p* 值表明扰动干扰项差分不存在二阶自相关，满足系统 GMM 估计的适用条件。列（6）、列（7）中解释变

量回归系数的符号与前述结果一致，显示出双支柱调控政策对房地产泡沫治理的良好效果。

表 6.6　　　　　　　　　双支柱调控政策治理房地产泡沫的效果分析

变量	(1)	(2)	(3)	(4)	(5)	(6)	(7)
	FE					GMM	
$lrd1$	-0.061^{***}	-0.071^{***}			-0.101^{***}	-0.053^{**}	
	(0.009)	(0.015)			(0.021)	(0.026)	
$credit$			0.010^{***}	0.008^{***}	-0.021		0.014^{**}
			(0.003)	(0.003)	(0.017)		(0.007)
$credit * lrd1$					0.002^{*}		
					(0.001)		
$L.\,lgsadf$						0.250^{*}	0.369^{***}
						(0.139)	(0.036)
控制变量	否	是	否	是	是	是	是
个体效应	是	是	是	是	是	是	是
时间效应	是	是	是	是	是	是	是
AR (1)						0.000	0.000
AR (2)						0.269	0.576
$Hansen$						0.136	0.281
观测值	1791	1791	1791	1791	1791	1592	1592
R^2	0.155	0.171	0.162	0.176	0.178		

注：*、**、*** 分别表示在 10%、5%、1% 的显著性水平上显著；括号内为标准误。

　　为了检验研究结论的稳健性，进行稳健性检验，检验结果如表 6.7 所示。首先，替换解释变量，用中小型金融机构的法定存款准备金率作为解释变量进行回归，如列（1）所示，结论依然稳健。其次，更换被解释变量。如列（2）、列（3）所示，用 GDADF 统计量的年度平均值作为衡量房地产泡沫的新指标进行回归。另外，考虑到异常值可能会对结论带来影响，因此在 5%、95% 分位进行了缩尾处理，回归结果列示在列（4）~列（5），结论仍然成立。此外，还采用面板分位数回归的方法进行稳健性检验，选择 0.5 分位数进行回归，检验结果与基准回归结论也基本一致。

表 6.7　　　　　　　　　　　　　稳健性检验

变量	替换解释变量	替换被解释变量		缩尾处理		面板分位数回归	
	(1)	(2)	(3)	(4)	(5)	(6)	(7)
lrd2	-0.071 ***						
	(0.015)						
lrd1		-0.084 ***		-0.074 ***		-0.036 ***	
		(0.013)		(0.015)		(0.002)	
credit			0.007 ***		0.012 ***		0.002 ***
			(0.002)		(0.003)		(0.000)
控制变量	是	是	是	是	是	是	是
个体效应	是	是	是	是	是	是	是
时间效应	是	是	是	是	是	是	是
观测值	1791	1791	1791	1791	1791	1791	1791
R^2	0.171	0.321	0.325	0.201	0.207		

注：*、**、*** 分别表示在 10%、5%、1% 的显著性水平上显著；括号内为标准误。

为进一步洞悉双支柱调控政策在不同城市治理房地产泡沫的效果差异，以便因城施策政策的制定开展异质性分析。

针对宏观审慎政策的异质性分析表明，宏观审慎政策对于房地产泡沫的抑制作用在一线城市、省会城市以及东部地区的城市更大（见表 6.8）。

表 6.8　　　　　　　宏观审慎政策治理房地产泡沫的异质性分析

变量	一线	非一线	省会	非省会	东部	中西部
	(1)	(2)	(3)	(4)	(5)	(6)
lrd1	-0.163 ***	-0.033 **	-0.105 ***	-0.055 ***	-0.106 ***	-0.044 **
	(0.038)	(0.015)	(0.036)	(0.016)	(0.024)	(0.019)
控制变量	是	是	是	是	是	是
个体效应	是	是	是	是	是	是
时间效应	是	是	是	是	是	是
观测值	423	1368	440	1351	828	963
R^2	0.383	0.157	0.262	0.166	0.209	0.159

注：*、**、*** 分别表示在 10%、5%、1% 的显著性水平上显著；括号内为标准误。

针对货币政策的异质性分析表明，宽松的货币政策对于房地产泡沫的正向作用在非一线城市、非省会城市以及东部地区的城市更大。同时，宏观审慎政策显著降低了由于宽松货币政策催生房地产泡沫的可能性（见表6.9）。

表6.9 货币政策治理房地产泡沫的异质性分析

变量	一线	非一线	省会	非省会	东部	中西部	贷款价值比高	贷款价值比低
	(1)	(2)	(3)	(4)	(5)	(6)	(7)	(8)
credit	0.002	0.006**	0.003	0.012***	0.011***	0.004	0.015**	0.006**
	(0.007)	(0.003)	(0.005)	(0.003)	(0.004)	(0.004)	(0.006)	(0.003)
控制变量	是	是	是	是	是	是	是	是
个体效应	是	是	是	是	是	是	是	是
时间效应	是	是	是	是	是	是	是	是
观测值	423	1368	440	1351	828	963	444	1347
R^2	0.384	0.160	0.263	0.176	0.218	0.160	0.145	0.152

注：*、**、***分别表示在10%、5%、1%的显著性水平上显著；括号内为标准误。

第7章 双支柱调控框架下资产价格泡沫的治理体系构建

7.1 双支柱调控政策治理资产价格泡沫的国际经验

为实现资产价格泡沫的有效治理，需要健全货币政策和宏观审慎政策双支柱调控框架。实际上，中国人民银行一直在调整和完善宏观审慎政策，从发挥MPA逆周期调节作用等方面入手，不断完善宏观审慎政策框架。双支柱调控框架的产生是2008年国际金融危机的产物。相较而言，货币政策的主要关注点是宏观经济运行，而宏观审慎政策的关注点则是金融风险，在经济金融紧密联系的当下，如何建立并完善双支柱调控框架，对于我国治理资产价格泡沫意义重大。因此，在双支柱调控框架下构建资产价格泡沫的治理体系前需要进行国际经验借鉴，寄望对完善双支柱调控框架提供多元化与多维度的启示。

7.1.1 美联储的经验借鉴

在2008年次贷危机发生之前，美联储的主要目标是抑制通货膨胀和促进充分就业，并将联邦基金利率作为金融体系中的"锚"。然而，随着金融深化的发展以及企业、家庭和金融机构之间金融联系的深入，以房地产价格为代表的资产价格泡沫的产生形成了系统性金融风险。并由此引起了美国对金融监管体系的改革。就美国这样金融高度市场化的国家而言，资产价格泡沫的产生不仅与资产价格相关，还与企业和家庭的借贷、金融机构的加杠杆以及整体金融体系的期限错配相关，是整体金融体系的脆弱性。因此，美联储对金融体系的脆弱性进行监测，提高对系统重要性银行，以及支付、清算等功能的监管标准，确保金融体系在遭受意外冲击时依然保持稳健，确保金融体系中随着时间积累的脆弱性得以识别，从而实现金融稳定的目标。

2008 年次贷危机发生前，美联储经历了先降息后缓慢加息的进程。为尽快走出 2001 年互联网泡沫破灭对经济造成的巨大伤害，美联储开始了快速的降息进程。联邦基金利率从 2000 年的 6.55% 逐渐降至 2004 年的 1%，在此期间，美国一直鼓励房地产市场繁荣，银行机构推出了抵押支持债券、担保债务凭证等杠杆率较高的金融产品。出于对资产泡沫的担心，又基于日本快速提高利率刺破房地产泡沫的经验教训，美联储前主席格林斯潘采取缓慢加息的方式挤压泡沫。联邦基金利率由 2004 年 3 月的 1% 逐渐上升到 2007 年 6 月的 5.24%。在此期间，道琼斯指数大幅上涨，从 2002 年的 8342 点上升到 2007 年的 13409 点，房价指数也达到了历史上的峰值。尽管加息进程缓慢，但前期低利率刺激下的房地产繁荣和金融产品本身设计的高杠杆和高风险问题普遍存在，加息刺破了房地产次贷危机泡沫，迫使资产价格迅速下跌，猛烈的去杠杆过程导致系统重要性金融机构倒闭，并引发整个金融体系的崩溃。为应对危机，美联储实施了降息和量化宽松政策，为货币市场注入流动性，并通过在二级市场上购买国债，降低长期国债收益率，提高金融资产价格。

美国次贷危机的爆发暴露了金融监管的不足，特别是缺乏对系统性金融风险的监管以及金融机构"大而不能倒"的严重问题。对此，美国引入宏观审慎治理框架，对监管体系进行改革，防范系统性风险，维护金融稳定。美联储认为一个稳定的金融体系，在遭遇不利"冲击"或事件时，仍能为家庭和企业提供充足的融资需求和支付清算服务。由于对资产价格泡沫的防范和化解离不开对金融机构、企业和家庭过度加杠杆的关注，且金融借贷活动关联到金融机构、企业、家庭和金融资产，金融体系的脆弱性紧密相关，因此，为更好地实现金融稳定，抑制资产价格泡沫，美联储从以下四方面监测金融体系的脆弱性，从而实现金融稳定目标。

（1）对资产价格进行监测。当资产价格相对于经济基本面或历史正常水平较高时，表明资产估值压力较大，资产价格出现大幅下跌的可能性较大。分别对股票、住宅房地产、商业房地产、国债、公司债券的资产市场规模、资产增长速度、资产价格等进行监测，评估资产价格泡沫风险。

（2）对企业和家庭的过度借贷行为进行监测。当面临经济下行或者收入下降的不利冲击时，企业和家庭的过度借贷会增加金融机构和投资者的金融风险，且降低经济活动水平。从企业和家庭的信贷余额增长率、非金融部门信贷与 GDP 之比、风险企业债务情况、家庭债务余额、住房杠杆、抵押贷款等多维度、多指标进行风险监测。

（3）对金融机构的过度加杠杆行为进行监测。过度加杠杆迫使金融机构在面临不利冲击时，售卖资产、削减贷款，在极端情况下会出现金融机构破产的情况。对不同类型金融机构的资产增长速度、银行机构权益与资产的利率、普通股一级资本与风险加权资产的比例、保险公司的杠杆率资产与权益的比率、对冲基金的杠杆率、证券化产品发行情况、对非银金融机构的大额贷款等指标进行监测。

（4）对融资期限错配风险的监测。金融机构普遍存在短借长贷的问题，当面临流动性紧张、投资者撤资或者公众挤兑情况时，金融机构只能甩卖资产，导致资不抵债，甚至流动性紧张蔓延以至形成金融恐慌。对金融机构拥有的流动性资产、短期批发融资、货币市场基金资产、贷款和债券共同基金资产等不同期限类型的资产错配情况进行监测。

此外，美联储设立金融稳定监督委员会（FSOC），识别和应对金融风险，促进市场自律。系统重要金融机构、银行控股公司的逆周期资本缓冲由美联储管理，全国性银行的逆周期资本缓冲则由货币监理署管理。加强金融市场监管，授权美联储制定系统重要性支付、结算、交收体系的监管标准；建立有序的金融机构破产清算机制，由美联储和联邦存款保险公司共同负责系统性风险处置，包括大型金融机构的破产清算等，解决"大而不能倒"问题。

但美国的宏观审慎治理框架也存在较大的不足。特别是在市场繁荣时期，对资产定价过高、杠杆率飙升以及期限错配问题等方面难以形成有效的逆周期调控，在货币政策的协调配合方面也存在困难。相较英国的宏观审慎治理框架而言，美国的金融稳定监督委员会，在调整微观监管政策方面并没有获得法律授权，更类似于一个政策协调机构，还有待进一步强化宏观审慎政策治理部门的政府职能以及处理系统性金融风险的能力。

7.1.2　英格兰银行的经验借鉴

2008 年国际金融危机发生前，英国实行的是英格兰银行和金融监管监督并重的职能框架，但在危机处理中出现的政策不协调、处置风险主体不明确、流动性注入不及时等问题，引导英国对"银监分设"的监管体制进行改革。从改革效果来看，英国将货币政策、宏观审慎政策以及微观审慎监管的职能统一于央行，英格兰银行在防范化解金融风险中的核心地位得以确立，并在组织机构、立法支持、政策协调、职能划分等方面都进行了较大的改革，建立了较为成熟的防范化解金融风险的政策体系。

英国的金融稳定目标更关注金融体系的整体稳健性，以及金融体系各部门是否能够有效吸收意外冲击，从而保持对经济增长的支持。因此，英格兰银行对引起整个金融体系风险的顺周期性和系统重要性机构予以特别关注。在防范化解资产价格泡沫方面，主要对逆周期资本缓冲、资本充足率、杠杆率、贷款价值比等指标进行监测，特别是对逆周期资本缓冲，即金融机构吸收冲击能力进行重点关注。从监测体系来看，主要包括以下四个方面。

（1）全球债务情况和英国金融市场资产价格变化。关注英国国债收益率变化和金融市场风险资产价格变化，如投资级公司债券利差、股票波动率指数、高收益债券发行等；并评估全球债务市场的脆弱性对英国金融产生的外溢性影响，如能源价格变化以及全球金融市场收紧对英国家庭信贷等的影响，还包括外国投资者持有英国股票和英国政府债券的变化情况等。

（2）企业和家庭部门的债务承受能力。主要分析家庭抵押贷款和企业财务压力情况，以及两者对银行体系弹性的影响。关注高负债家庭和企业的债务偿还情况，以及对金融和经济体系造成的影响；家庭和企业的抗风险情况。将家庭生活成本、抵押贷款、信用贷款等偿还纳入其中，评估家庭债务脆弱性，并据此评估英国银行体系的弹性。关注企业流动性、盈利能力和杠杆率等情况，评估企业偿债能力如利息覆盖率，评估企业债务违约风险，以及对银行体系的冲击。

（3）英国银行机构的韧性。关注银行体系的资本、流动性、资产质量、拨备前盈利等情况，从而评估银行体系是否能够应对实体经济冲击，并提供金融服务。关注银行体系与市场化融资相互关联所带来的风险，包括与非银金融机构之间的交易对手信用风险、抵押资产按市值计价的损失，以及流动性和资金压力等。

（4）英国金融体系的韧性。全面评估包括银行体系、非银金融机构、市场化融资（如投资基金）、金融基础设施等内在的英国金融体系的韧性。对各类型金融机构的资产规模、脆弱性和挤兑风险等进行评估，并且关注不同类型金融机构的相互联系带来的系统脆弱性。

英国在关注资产价格泡沫治理方面，不仅对金融与经济的联系以及金融体系整体的稳定性予以重要关注，还建立了以组织机构调整和制度机制改革为核心的目标权衡和职责明确的设计安排。

（1）制定了完善的法律制度体系。英国的法律建设一直紧跟金融体系的重大调整，2008年国际金融危机后，先后出台了《2009年银行法》《2012年金融服务法》，修订了《英格兰银行法》，审议通过了《2016年英格兰银行和金融服务法》，为金融稳定治理、防范化解资产价格泡沫打下了制度基础。

（2）进行了权责明确的责任分工。资产价格泡沫产生的原因较多，与货币发行、信贷扩张、各部门加杠杆、风险的跨部门传染、系统重要性金融机构的审慎经营等多个因素相关。从权责界定来看，货币政策的目标是要保持物价稳定，并促进经济增长和就业；宏观审慎政策的目标是维护金融稳定；微观审慎监管是针对个体金融机构稳健经营的管理。因此，三项政策的职责界定明晰，并需要专门的职能机构。因此，英国建立专司货币政策、宏观审慎政策和微观审慎监管的货币政策委员会、金融政策委员会和审慎监管委员会，并独立决策。有效划分了治理资产价格泡沫的责任，对治理资产价格泡沫意义重大。

（3）搭建服务金融稳定的政策协调机制。正是因为资产价格泡沫的扩散和传染，容易导致金融和经济体系整体的风险，因此，对货币政策、宏观审慎政策和微观审慎政策进行协调，有利于资产价格泡沫的治理。为此，英国货币政策委员会与金融政策委员会的任职人员有所交叉，央行行长同时担任两个委员会的主席，分管货币政策、金融稳定以及金融市场业务的副行长同时出席两个委员会的会议，确保两个委员会之间能够相互沟通和交流。同时，主管部门货币政策委员会和审慎监管委员会的成员之间进行交叉任职，增强宏观审慎政策以及微观审慎监管之间的密切协作。金融政策委员会是实现金融稳定目标的核心，从作用机制来看，金融政策委员会制定下的宏观审慎政策可以通过影响一系列指标要求和预期对金融机构资产负债表产生影响，进而影响居民和企业的资产负债表，金融机构的资产价格、利率以及信贷条件，金融市场弹性，并最终实现金融稳定目标。

整体而言，英国的金融稳定框架较为成熟，在将英格兰银行置于维护金融稳定的核心地位之时，在立法完善、组织机构设置、加强政策实施部门之间的信息交流和共享、提高政策协调效率等方面都较为完善，是我国治理资产价格泡沫、维护金融稳定的政策设计等方面可供借鉴的先进国际经验。

7.1.3 欧洲央行的经验借鉴

同英格兰银行一样，欧元区治理资产价格泡沫的货币政策和宏观审慎政策也集中于欧央行，政策决策主体是央行理事会，危机后成立的欧洲系统性风险委员会侧重于对系统性风险的监测和评估，主席由欧央行行长兼任。欧央行负责制定整个欧元区的宏观审慎政策，并拥有对欧元区银行业实行统一监管的权力，负责协调和指导欧盟成员国的宏观审慎政策。

欧央行服务金融稳定的政策框架也受到欧盟所面临经济金融环境的影响。当前，欧洲的经济金融风险有所上升，主要表现在以下三个方面。（1）欧洲影子银行体系资产规模持续扩大。在低利率环境下，银行体系惜贷严重，通过非银金融机构通道融资的行为增加。（2）房地产价格上升，私人部门杠杆率提高。2008年危机后的宽松货币政策导致房地产价格上升，居民持有的抵押贷款增加。（3）中小银行机构的不良贷款上升较快。激烈竞争下，中小银行息差受到冲击，平均不良贷款率超过15%，且拨备覆盖率较低。

欧央行据此改革了维护金融稳定的政策治理框架。

（1）实现三个层次机构组成的治理框架。在欧洲中央银行对维护系统性风险负主要责任的情况下，各成员国组建了各自的宏观审慎局，并组建了欧洲系统性风险委员会，且欧洲系统性风险委员会、欧央行、成员国宏观审慎局三者的权力范围具有明确的界定和划分。

（2）对宏观审慎政策体系进行完善。在宏观审慎的政策目标、政策工具和政策举措等方面进行规范和设计。利用逆周期资本缓冲、系统性风险缓冲、部门风险权重变更以及灵活性方案设计等政策工具扩充宏观审慎工具箱。

（3）监管重点由银行体系向非银体系转变。欧盟及成员国对影子银行体系的流动性、期限转换、杠杆率等指标进行系统监测，并评估其对系统性风险爆发的影响。完善风险监管所需要的数据体系，加大对非银金融机构融资交易的数据获取；并同时将逆周期监管工具扩大至非银金融机构体系，对杠杆率、保证金等作出要求。

在具体维护金融稳定时，欧央行采取的步骤依次如下。

（1）识别和分析金融系统的主要风险和脆弱性。欧央行和各成员国审慎局的专家进行密切合作，交换数据、信息和分析材料，并利用模型分析法对具有周期性特征的金融风险进行判断和预警。将个别机构发生危机的概率与某一国家或地区发生危机的概率加权平均，推算风险积聚的驱动因素，识别风险信号。在分析风险时，主要关注宏观金融和信贷环境，包括能源资产价格、房地产价格等产生的价格泡沫风险、银行业和非银金融机构风险等。

（2）欧央行采用多种货币政策工具和方法，对各成员国采取的宏观审慎措施进行评估，通过金融机构的资产负债表数据，结合宏观经济传导模型，进行自上而下的模型测试。开发新的压力测试工具STAMP，并将其应用在银行机构体系、影子银行、中央交易对手方、养老和保险基金等；同时，监测分析经济和金融冲击对系统性风险的影响。建立银行早期预警模型，用以识别系统重要性金融机构的脆弱性。

（3）金融稳定委员会对各类宏观审慎工具的潜在成本和收益进行比较，从跨国视角提出单一监管体制下适用于各国的宏观审慎治理框架。欧盟各国依据各国特性设置政策工具，体现了政策调控的精准性和有效性；同时，根据经济金融发展状况，对已经作出的统一政策规定进行改进，体现政策调控的逆周期性；放松了对小型银行机构的资本缓冲要求，对大型银行实施更有利的资本监管标准，加强政策调控的全面协调。

（4）重点关注欧央行和成员国之间形成的政策合力。欧央行有权要求成员国采取更为严格的宏观审慎政策，并对宏观审慎政策治理进行事后评估，评估是否产生了溢出效应，以及是否需要采取进一步行动。基于欧盟和各成员国之间的关系，对各类工具的政策溢出效应进行评估，不仅要确保各成员国之间政策的有效性和一致性，也要避免跨境溢出效应。对逆周期资本缓冲、房地产风险权重的强制性对等规则，以及达成政策一致，共同对非欧盟国家进行风险监测。

整体上，欧盟实现金融稳定目标还应对以下问题予以关注。（1）要审慎推动银行机构去杠杆。银行体系是信贷扩张的主体，在当前低利率环境下，银行机构竞争激烈，加杠杆行为明显。在监管政策要求降低风险权重资产、资本重组等情况下，要审慎防范银行体系去杠杆造成的风险。（2）要关注主权债务风险与银行体系风险传染。欧元区的统一货币政策和独立财政政策造成的风险隐患始终存在。统一的货币政策加剧了金融市场一体化，但也造成了金融资源过度向某种资产集聚造成的资产价格泡沫。同时，由于成员国没有货币创造能力，不能进行货币化融资，容易出现本国的债务问题。

7.1.4　发达国家经验借鉴的总结

不论是美联储、英格兰银行还是欧央行，为实现金融稳定目标的政策框架设计均有其优势。特别是美联储对于资产价格泡沫的治理关注企业、家庭和金融机构的加杠杆行为；英格兰银行建立了比较成熟完善的立法制度、组织结构以及政策协调机制；欧央行在各成员国货币政策统一和财政政策独立的情况下，对银行体系风险进行关注，并成立了三级组织机构用以权责划分和政策评价。整体上来看，有以下经验值得借鉴。

（1）要有一个在金融风险化解中处于核心地位的组织机构。金融风险防范化解涉及货币政策、宏观审慎政策和微观监管，不同政策的有效协调是有效治理金融风险的关键。但在其中，有一个处于核心地位的组织机构至关重要。世界主流经济体均将这一载体放置于各国的中央银行，在美国是美联储，负责制定和执行货币政策和宏观审慎政策；英格兰银行集货币政策、宏观审慎和微观监管于一身，是金融风险治理的核心；在欧盟，尽管有三个层级的金融风险治理机构，但欧央行依然发挥核心作用。

（2）要明确制定和实行金融政策的组织机构职责并加强政策协调。随着金融深化的发展，金融风险的治理涉及经济金融体系的各个方面，也牵涉到货币政策、宏观审慎和微观监管的职责明确和相互协调。在美国，美联储在制定和执行货币政策之外，设置了金融稳定监督委员会，负责系统性风险的监测和识别，并加强两者的协调配合。在英国，分别有货币政策委员会、金融政策委员会和审慎监管委员会，各部门之间的人员有交叉，在金融风险的监测和治理过程中能够加强信息交流和互享。在欧盟，由欧洲系统性风险委员会、欧央行和成员国宏观审慎局三个层级的金融治理框架相互协调配合，在金融监管指标的设定、维护金融政策的有效性、监管政策工具设计的精准性等方面均形成了较好的成效经验。

（3）要关注银行体系风险。2008 年国际金融危机爆发距今已经过去了十多年，但危机造成的影响仍广泛而深远地存在着。2022 年的诺贝尔经济学奖颁给了伯南克等三人，以表彰他们在银行体系以及危机研究领域作出的重要贡献。银行体系成为危机后金融风险治理的主要关注领域。同时，资产价格泡沫的产生离不开银行机构的顺周期和加杠杆行为，特别是，银行体系还是信贷扩张的主要载体，在泡沫的产生和破灭中发挥着重要作用。因此，在治理金融风险时，关注银行体系的顺周期和加杠杆风险，关注系统重要性银行机构和小型银行机构风险已成为主流经济体治理金融风险的普遍经验。

因此，要充分借鉴发达国家治理金融风险的国际经验，并在金融深化的背景下，将其应用于我国特色社会主义市场，不断提高应对金融风险防范化解能力，提高金融风险治理水平，为我国高质量经济金融发展创造良好的环境。

7.2　资产价格泡沫治理的现实背景

2008 年国际金融危机发生后，人们开始意识到，价格稳定即所谓的通货膨胀稳定，并不意味着金融稳定。金融体系的系统性风险仍然能够以资产价格泡沫破灭的形式进行传导，并以泡沫的破灭带来金融风险，进而为经济体带来重大破坏。泡沫危机作为金融危机的重要表现形式，在金融深化以及金融市场一体化发展的背景下，所造成的影响越来越大。因此，应对资产价格泡沫予以高度关注，防范化解由泡沫破灭造成的金融风险。

与国际主流经济体不同，我国的经济金融发展存在明显的发展中国家赶超发达国家的发展特征，同时，我国又是一个在经济体量上仅次于美国的超级经济体。这决定了我国的经济金融发展存在着较多属于中国国情的特殊烙印。厘清这些烙印和特色，对于我国设计具有针对性和精准性的双支柱政策框架价值非凡。长期以来，我国的经济金融领域存在以下特征，不容忽视。

7.2.1 投融资方式与资产价格泡沫的产生息息相关

从改革开放以来，我国一直保持着较高的经济增长速度，城镇化和工业化也加快建设进程。大批农民到城市定居，推动城镇化率大幅提高；工业建设从白手起家做起，迅速发展成为门类齐全的超大型制造业体系。在这其中，地方政府发挥了重要的推动作用，甚至通过平台公司作为市场主体参与城市建设；在房地产价格泡沫的产生过程中，地方政府垄断土地市场供应，不断操纵着地价的供应弹性并引导房地产价格上涨的预期，是房地产价格泡沫产生的重要推动者。

（1）投资作为我国拉动经济增长的"三驾马车"之一，主要由制造业投资、房地产投资和基础设施投资三部分组成。其中，制造业投资的主要表现就是招商引资，地方政府为增强招商引资的力度，在与同级地方政府的相互竞争中胜出，纷纷降低工业用地价格，在税收优惠等政策上加大倾斜力度。在拉动房地产投资中，地方政府不仅一手操盘着住宅用地的地价，同时也可以通过成立地方政府平台公司控制地价，促进房地产投资增长。至于基础设施投资，更是地方政府的主战场，是地方政府通过城市建设，拉动工业化和促进经济增长的重要手段。因此，地方政府主导投资的方式注定了我国经济发展模式走的是投资拉动的粗放型经济增长道路。

（2）我国的金融资源不论是在信贷市场、债券市场，还是股票市场等均已实现了市场化配置。金融资源的集聚和扩散与产业发展密切相关。以房地产行业发展为例，我国银行体系中的40%贷款属于房地产贷款，加之非银体系中的非标、信托贷款、委托贷款等产品，流向房地产行业的金融资源占整个金融体系的50%～60%。金融资源向某一行业的过度集中代表了金融市场对该行业的认可。就房地产市场而言，从土地开发入手，地方政府首先提高地价，造成房价上涨，后带动周边地价上涨，随着形成房价上涨的预期，进一步催生房价上涨，进而形成高地价和高房价的循环，也造成房地产行业的蓬勃发展。由此导致房地产开发贷款和个人住房抵押贷款的增加，形成银行体系中房地产贷款集中度过高的事实。

因此，金融资源的市场化配置加剧了地方政府的投融资路径依赖，从而使我国资产价格泡沫，尤其是房地产价格泡沫的治理不仅关系到企业、家庭和银行机构，还与地方政府的隐性债务紧密相关。这是因为，随着地方政府土地财政依赖的提升，地方政府维系刚性财政支出，减小财政赤字的主要方式是通过将土地利用招拍挂的市场化方式出售，即所谓的卖地收入。根据现行的财政制度，土地收入属于预算外收入，其使用方式受到的约束较小，且也不会上缴到中央财政。因此，利用土地出让收入偿还地方政府隐性债务，是各级地方政府的主要手段。在关注中国的资产价格泡沫时，我们不仅要关注金融体系风险，也要关注相关的财政风险。

7.2.2 地方政府在房地产泡沫的治理中承担主体责任

我国基本国情复杂，加大了防范和化解资产价格泡沫的难度。我国人口众多，且经济发展在区域间呈现极为强烈的不均衡性，人口素质和层次不一使得维护社会稳定成为经济政策的首要选择。在此背景下，决策者进行相关决策时会率先考虑"羊群效应"产生的社会后果，加大了资产价格泡沫的防范难度。此外，我国各省份之间的经济发展受到地方政府的影响和调控较强，具有地域特征的资产价格泡沫存在此起彼伏的特征，这种调控现象也加大了防控资产价格泡沫的难度。

长期以来，中央和地方的关系是我国政治经济社会关系中的重要方面。这就意味着中央政府的很多政策和设想需要通过强大的政府系统进行实施；反过来，中央政府也会设定相应的考核目标和考核机制，促使地方政府的政策执行紧紧围绕中央政府的政策意图。在这其中，地方政府面临的是诸多考核目标的限制和约束，但其中的主要考核焦点是经济增长目标。在此背景下，尽管中央自 2003 年以来出台了多项房地产调控政策，但始终面临着房价越调越高的困境，放松房地产调控的政策不时地作为刺激经济增长的手段。同时，由于我国房地产市场区域分化发展的特征愈发明显，以及房地产行业在经济部门中的重要地位，房地产价格泡沫的治理理应由地方政府承担主体责任。

（1）房地产市场区域分化发展的特征愈发明显。在房地产发展的早期阶段，房价普涨的现象非常明显，彼时我国的城镇化进程快速发展，货币流向的主要领域仍是有抵押的房地产领域；从中期来看，地价和房价之间具有相互循环的作用，房地产完全建筑好的时间在 2 ~ 5 年，较高的地价会直接导致之后几年的房价较高。从长期来看，自 1998 年住房制度改革以来，我国的房地产市场发展已经经过了二十多年的快速发展进程。当前，我国人均住房面积达 40 平方米，城市化率达 65%，房地产进一步全面快速发展的阶段已经过去。目前，随着人口流动的趋势，一二线城市的房地产市场依然面临着较大的价格上涨压力；三四线城市和部分人口流出的城市房地产市场走弱。这样的房地产市场发展特征，使房地产的调控具有因地制宜的特征，因此，地方政府理应承担起治理房地产泡沫的主体责任。

（2）房地产价格泡沫的治理关系着稳增长的大局。房地产市场关系重大，特别是在我国，从对经济增长的拉动来看，房地产行业上下游相关产业多达上百种，关联着建筑行业、钢筋水泥、装潢建材、木料家具等多个实体经济行业。同时，这些不同行业的发展关系着地方经济发展的投资、不同行业职能获得收入后消费等，是关系着我国经济稳健发展，促进国内经济大循环的重要环节。因此，房地产市场的稳健发展是地方政府稳经济的重要工作内容。同时，由于国有企业、地方政府平台等主要经营的是一些基础设施等垄断性项目，利润大量集聚在这些行业部门，但上下游产业链上的其他产业部门反而由于竞争性较强，价格较为平稳。我国货币供应量和产业投资增长的效果使垄断性部门的产品相对价格上升，进一步增加了资产价格泡沫风险。地方政府在推动经济增长中占据重要位置，房地产在其中关系重大，这也促使我国房地产调控政策主要采取因城施策的管理方法，并且由地方政府主导。

7.3　资产价格泡沫治理的政策路径优化

较长一段时间以来，以房地产价格为代表的资产价格泡沫的产生成为我国决策层和专家学者关注的重点。我国也据此实施了较多的金融政策和监管措施。整体上来看，我国治理资产价格泡沫要结合具体国情，结合前文研究结论，以周期性破灭型的股市泡沫和房地产泡沫为代表的资产价格泡沫及资产价格泡沫的跨市场传染行为成为我国具有代表性的金融风险问题。同时，我国双支柱调控框架是在 2016 年以后才有较大发展，在 2019

年才成立了专司宏观审慎政策的宏观审慎局。在双支柱调控框架的设计和实施方面，不但要充分吸收国际经验，借鉴发达经济体在资产价格泡沫治理、金融危机应对以及危机后处置等的先进做法，也要在借鉴先进经验的基础上，优化资产价格泡沫治理的政策路径，设计出符合我国特色国情的，有力有效地治理资产价格泡沫的双支柱政策框架体系。

7.3.1 货币政策调控要兼顾数量调节和价格调节的优势

我国的货币政策尽管相对宏观审慎政策发展相对完善，但与世界发达经济体相比，仍存在有待完善和改进的地方。尤其是我国幅员辽阔、基本国情复杂，仍处于社会主义发展的初级阶段，在此背景下，加快货币政策框架转型，同时兼顾好数量调节和价格调节的优势，至关重要。特别是宏观审慎政策的发挥效用，也取决于松弛有度的货币政策调控。

从全球主要转型以及新兴市场国家的经验来看，数量型货币政策调控的效力逐渐减少，而完全依赖于价格调控，又受制于国情以及所处经济发展阶段的限制，不能一蹴而就。在此两难形势下，兼顾货币政策数量与价格调节的优势，在不断推进利率市场化进程的同时，不断改进货币政策工具，完善货币政策数量调控，已经成为货币政策调控转型的一个特色。通过量、价协调发展，既发挥价格调控的优势，又使货币数量调节发挥相应的作用，从而在此基础上构建一个适合经济转型发展的货币政策规则及其框架。

从货币政策的单一规则或混合规则来考虑，发展中国家的货币政策通常倚重数量型规则。新兴市场国家由于在促进经济发展过程中存在信贷资源的过量需求，导致数量型调控政策较为有效，随着金融创新和金融深化的发展，规避数量型调控以及微观监管的金融创新使得数量型调控效力逐渐减弱。如蓬勃发展的表外业务就是商业银行为了规避缴纳存款准备金而形成的创新业务。在此形势下，价格型调控由于能够对市场业务进行调节，正逐渐承担起货币政策调控的主要任务。其实，当较高的通货膨胀出现时，以货币供应量为中介目标的政策调节就会失效。当通货膨胀率较高时，为使名义利率降低，中央银行应扩张货币信用以降低信用利率；然而，扩张的信用又会带来货币供应量增大，从而进一步形成滞涨。世界经济史上"滞涨"的出现，使货币数量调节的效力进一步减弱。

然而，单一的价格型调节也会出现不少问题。我国以名义利率为货币政策工具的价格型调节对产出和通货膨胀的影响都不明显，两者之间的关系比较微弱。这是因为我国存在大量国有企业、地方政府平台以及房地产企业等，因为有地方政府的隐性担保，以及接受地方政府补贴，这些企业的财务具有软约束特征，对利率变动并不敏感。同时，由于我国同时存在存贷款基础利率和货币政策利率，利率市场化进程虽然在推进，然而仍未实现完全的市场化。以上多种原因，使单独依靠货币政策的价格调节难以实现宏观调控政策的既定目标。

就我国而言，利用混合型货币政策规则，同时发挥货币数量和价格的调控作用，对于我国实现货币政策的既定目标，具有重要意义。从实践上来看，兼顾数量和价格型调节是我国特殊的经济发展阶段所决定的。我国的货币政策目标包括物价稳定、经济增长、充分就业和国际收支平衡等，采用的货币政策工具包括存款准备金、定向降准等结构性货币政策工具。国际主流货币政策框架主要采用利率为中介目标，为维护物价稳定单一目标而设定。此外，加上我国利率双轨制还未完全并行为一轨制，使得利率传导机制不畅，不能单一依靠货币政策的价格调节。货币政策传导机制还要看商业银行能否将市场利率传导至信贷市场，进而通过信贷市场上的融资成本，进一步影响实体经济。从商业银行经营模式来看，商业银行的负债资金主要来源包括从中央银行进行再贷款获得资金；在货币市场上进行同业拆借的资金；以及从居民储蓄市场上的存款资金。再贷款资金的利率是由中央银行直接控制的，同业拆借资金的利率也通过中央银行的公开市场操作利率直接影响，但事实上，我国的存款利率还处在被人为压制的较低水平，这使得货币市场或者债券市场的利率变动并不能完全影响商业银行的负债成本，从而使货币政策的利率传导机制不能畅通，影响货币政策调控效率。

从疏通货币政策利率传导机制来看，我国经济体中还存在对利率变动不敏感的企业，这些企业的存在，使得信贷资源无节制地向房地产、基建等领域倾斜。若利率完全实现市场化，这些领域的资金需求量大，会提升信贷市场均衡利率，使得制造业等领域的企业无法以较低的成本融入资金，不利于我国实现经济的高质量发展。因此，在利率价格调节不能完全起作用的情况下，货币数量调节可以弥补价格型调节的扭曲。因为存在货币数量调节，可以限制房地产、基建等领域的过度信贷需求，防止这些企业的扭曲过度扩张，从而为我国产业结构转型升级，提供相配套的融资体系。

综上，现阶段应综合运用数量型与价格型等多种货币政策工具，实现货币政策的既定调控目标。继续推进利率市场化建设，不断加快和完善同业拆借市场、债券市场以及基准利率体系的改革完善，同时，中央银行应积极加强预期调节，增强与公众的沟通，增强货币政策透明度，更好地引导市场预期，完善货币政策调控。

7.3.2 资产价格泡沫治理要关注信贷扩张和加杠杆行为

（1）资产价格泡沫的产生离不开信贷扩张。从总量上来看，金融资源是市场化的，因此，扩张的货币政策是银行机构创造信贷的空间。当中央银行采取降低存款准备金率、开展公开市场操作、向银行间市场投入常备借贷便利时，便是向金融体系注入流动性，银行机构投放贷款的约束降低，信贷规模扩张成为可能。同时，在信贷资源的流向上，则主要取决于市场主体的行为。央行实行扩张型货币政策，是银行机构体系得以扩张信贷资产的前提条件，但能不能贷得出去，主要还是取决于市场主体的信贷需求。这也是某一类资产价格泡沫产生的主要原因。当较多的信贷资金追逐较少的实体资产时，便会产生资产的价格泡沫，特别是当该类资产在短期内供不应求，市场需求远远超出市场供给时，便是该类资产价格泡沫产生的根源。

（2）企业、家庭和金融机构的加杠杆行为是资产泡沫产生和扩大的主要途径。企业和家庭作为资产市场的投资主体，当资产价格上涨的预期形成时，企业和家庭均会购入该项资产，在获利后抛出，由此导致资产价格泡沫的产生和破灭具有较强的顺周期性和行动一致性。当资产价格处于上升周期时，企业、家庭和金融机构的加杠杆行为效应明显，此时的信贷扩张速度非常快，同时加剧资产价格泡沫膨胀；当监管机构开始收紧货币政策或者提高监管指标时，企业、家庭或金融机构的流动性紧张，难以维持泡沫增长的信贷资金需求，只能抛售资产，此时，单个家庭、企业或金融机构的行为会引起市场的异质性歧视，即与此家庭、企业或金融机构类型相同的部门难以在金融市场融资，不能缓解资金紧张，从而造成市场性的泡沫传染。这种传染会加速泡沫的破裂，引发系统性危机，因此，要加强对家庭、企业和金融机构顺周期加杠杆行为的监测和监管，避免产生资产价格泡沫，以及泡沫破灭后产生的风险传染和蔓延。

就我国而言，居民资产的一半以上是房地产，地方政府的财政收入中土地出让收入占到40%，银行机构体系中房地产贷款达到40%，加上以房地产为抵押，和以房地产作为穿透资产的表外贷款，如委托贷款、信托贷款、非标产品等，流入房地产领域的金融资源占比超50%。可以说，在以银行为主导的间接融资体系中，与房地产资产相关的贷款是银行机构拓展业务的主体。这也导致了房地产泡沫还与银行机构的风险和财政领域的隐性债务风险相关。在房地产泡沫的监测和治理过程中，要加强对房地产金融的全口径监测，将银行体系的房地产贷款、银行表外的委托贷款和信托贷款、资产证券化的房地产贷款，房地产企业的股权融资、债券融资和境外融资，证券机构和保险机构对房地产的融资等纳入监测范围，系统监测涉房地产金融情况。

7.4 构建双支柱调控框架下资产价格泡沫的治理体系

当前，我国仍然处于经济增速换挡期、结构转型阵痛期、新旧动能转换期，叠加经济周期性、结构性和体制性问题，经济领域中的矛盾、问题较多。与此同时，我国金融领域的改革持续深化，在信贷市场、债券市场、股票市场等均已实现了市场化定价，关系信贷资源配置的利率市场化改革在经历了存款利率市场化、贷款利率市场化，以及贷款利率市场化报价（LPR）的改革之后，中国人民银行系统推动金融服务实体经济的改革深化，在金融服务制造业、民营小微企业、科技创新企业、高新技术进步企业等方面均推动了银行机构的体制机制建设，同时给予结构性货币政策工具的资金支持，在引导信贷资金支持产业结构转型升级方面作出了重要贡献。防范化解金融风险是当前我国经济金融领域继续深化改革，实现高质量发展，构建新发展格局必不可少的重要内容。资产价格泡沫治理不仅关系到实体资产、金融风险，还与地方政府处置风险的主体责任息息相关。

实际上，自 2018 年以来，我国的金融改革继续深化，经济领域中的结构性矛盾未能得到有效解决。我国防范化解金融风险的政策框架设计、组织机构设置和政策工具改进都得到了较大的完善。从我国的现实国情来看，经济领域结构扭曲和金融资源的市场化配置极易使得金融资源过度集中在某一行业或领域，加之经济金融周期的不同步以及顺周期效应，极易产生资产价格泡沫并引发系统性风险。因此，我国应在充分借鉴国际经验的基础上，结合我国的现实国情，统筹考虑货币政策和宏观审慎政策，设计完备的防范化解金融风险的政策体系设计，加强政策框架设计，在机构设置上设立权责明确的政策执行部门，创新政策工具设计，从而达到治理资产价格泡沫的效果。

7.4.1 完善双支柱政策框架的重要内容

世界上发达经济体在 2008 年金融危机之后，为防范化解金融风险、实现金融稳定目标，都重新设计了适应本国经济金融发展特色的政策框架体系。对我国而言，货币政策体系发展完善，在政策目标、中介目标、操作目标、政策工具以及政策调控方式转变等方面都经历了充足的发展，并积累了较好的经验。宏观审慎政策自2016年初步探索以来，在2019年宏观审慎管理局成立之后，得到了较大的发展。结合我国长期以来经济转型发展以及金融市场发展的现实情况，以及部分资产领域价格泡沫持续的典型特征，应在综合利用货币政策的价格型工具和宏观审慎政策工具方面进行重点关注。

（1）保持适宜的货币金融环境。营造稳定的货币流动性环境，确保与经济增速相适应的货币供应量增长，灵活运用再贷款、再贴现、降准、借贷便利、抵押补充贷款等政策工具，为宏观经济创造稳定、温和的流动性环境。改革完善信贷投放间接调控机制，确保信贷增速及社会融资规模增速与经济增速相适应，疏通政策传导渠道，优化信贷投放结构。将稳健货币政策和稳健宏观审慎政策的信号向市场准确传递，消除市场恐慌情绪，引导金融市场预期。支持商业银行补充资本金，增强信贷投放能力，运用定向降准、定向再贷款等市场化手段鼓励银行向民营和小微企业贷款，降低小微企业融资成本。

（2）建立全口径的金融监测体系。当前的金融监管还存在分业监管的弊端，存在部分的监管空白，在重复监管领域权责不清。当务之急，是要摸清金融家底，将银行、证券、保险、理财公司、投资公司、股票市场、债券市场、资产证券化产品等多个维度的金融资源进行系统梳理。对于房地产等涉及经济金融领域较多部门的资产价格监管，不仅要摸清金融领域的家底，与住宅土地出让相关的财政风险也要有所关注。近期以来，各省份化解隐性债务成为政府工作的主要内容，房地产市场下行导致的土地出让收入减少，对于政府财政风险的影响也要有所关注。

（3）识别金融体系的脆弱性和弹性。结合我国经济转型升级以及供给侧结构性改革的要求，在满足宏观审慎的要求下，对金融领域的加杠杆行为坚决制止，防止通道资产、同业业务以及表外业务等的过快发展。密切关注外部环境变化，防止不同领域资产价格泡沫进行交叉传染。对于不同类型金融机构加杠杆、底层资产的杠杆放大倍数、银行机构体系的风险资产等情况，不仅要摸清底数，还要进行相应的压力测试等。金融风险的跨机构传染和跨市场扩散应引起关注。一般而言，当某一金融机构出现流动性危机或风险时，金融市场上对该类型机构的风险偏好度上升，并采取一致性行动，将该类型机构均视为风险较大主体，从而将单一机构的流动性风险，转化为市场风险，并加剧信用风险，形成系统性危机。当某一具有较大行业影响力的企业发生流动性危机时，金融机构为确保信贷资源安全，将采取抽贷、断贷等措施，使企业的流动性危机转化为破产风险，并进而引发市场风险。因此，要对不同类型市场主体进行压力测试，对其行业借贷水平、应对突发事件和冲击的能力进行监管。

（4）加强外汇资本项目管理。我国是经济对外开放的大国，要避免发达经济体，特别是美联储货币政策对我国经济金融的溢出效应。要稳妥处理扩大金融服务业开放与资本项目自由化之间的关系，防止投机性资金大规模流出流入。在巩固人民币汇率形成机制市场化改革成果的同时，仍坚持有管理的浮动汇率制度，防止人民币汇率大幅贬值、动摇市场信心，避免把汇率升值承诺作为对外谈判的筹码，干扰国内货币政策的独立性。特别是在国外金融市场环境动荡的形势下，更应当在防范外部冲击的同时，谨慎灵活地确保货币政策的独立性，适应和服务于国内实体经济，而不是被动跟随其他国家的政策。

（5）加强事中应对和事后处置。各类系统性风险的发生都是从流动性危机开始的，特别是在金融市场上存在着流动性风险、市场风险和信用风险的相互转化，转化的最后结果就是，流动性风险迅速扩大，并进而引发流动性危机。金融机构应对流动性危机不力，从而造成风险的蔓延和扩散，最终导致系统性危机的爆发。因此，流动性应急预案的设计能够在关键时刻挽救金融机构。对金融机构流动性预案的监管要具有专业性，切实帮助金融机构化解流动性危机。要对重点领域金融风险采取针对性措施和预案。对股票市场、债券市场以及外汇市场的潜在风险，应提前制定预案，建立应急处理机制，避免风险传染扩散。有序化解金融领域的不良资产，银行按照规定核销坏账，对僵尸企业消耗信贷资源的现象明令禁止。帮助金融机构进行资产重组和优化，利用资产管理公司进行债务的剥离，通过债转股、兼并收购等手段实行金融机构资产负债优化。此外，危机后的处置应对同样重要。风险处置方案的设计要划分风险处置的责任主体，明确处置资金来源，厘清处置资金的进入顺序和退出顺序，科学设计处置程序。

7.4.2　建立双支柱调控框架下的预期引导机制

要合理引导市场预期。对中央银行、国家金融监管局、证监会、外汇局等监管部门的政策要进行统筹协调，既要防止不同部门出台的政策相互矛盾或形成监管套利空间，也要避免多个政策同向发力过猛，由监管"共振"引发金融市场共振。

市场预期在提高货币政策、宏观审慎政策有效性以及促进货币市场平稳运行方面具有重要作用。从金融市场的传导机制来看，货币市场是整个金融市场的枢纽，中央银行通过调节商业银行的货币资金融通活动，进而对实体经济进行调节，在此过程中，金融市场是中央银行对商业银行进行调控的主要场所。通过对货币市场上的货币数量、价格的调控影响商业银行的资金负债成本，进而影响银行对实体经济的借贷成本。因此，货币政策、宏观审慎政策的调控效率建立在一个发达货币市场基础上。由于货币市场经营的资金具有高度竞争性以及交易的资金产品具有较强的流动性，使得金融机构可以根据货币政策的资金头寸对央行的政策实施进行预期判断。因此，预期成为联系中央银行和商业银行的重要纽带。

预期理论脱胎于货币政策执行的相机抉择和政策规则之争。现代经济学家普遍认为，与相机抉择容易受到公众和政治压力相比，成熟且稳定的货币政策规则更为有效。预期的重要性和复杂性程度都较高，这使得预测某一相机抉择的政策效果非常艰难，理性预期学派认为，相机抉择产生的时间不一致性使得公众对价格、工资等变量的预期效果欠佳。同时，相机抉择下货币政策目标的转变也会带来时间不一致性，并导致预期不准，容易导致公众对中央银行的信任度下降。既定的货币政策规则透明度较高，能够避免政治的影响，减少时间的不一致性以及预期不准确带来的行动的偏离，具有较高的政策执行效力。当然，既定的货币政策规则不容易在短期内对经济冲击做出反应，容易在短期内引起经济波动，而相机抉择能够保持政策的灵活性，有利于应对各种外来冲击。因此，美联储在实际的货币政策操作中，采用通常情况下按照货币政策进行安排，在意外情况下采取相机抉择的政策策略。

由于中央银行只能通过控制基础货币市场上的量、价，以及通过存款准备金等货币政策工具的作用，间接调节整个经济体系所需要的货币数量以及价格，在二级银行体系设定下，中央银行只能控制对商业银行的贷款资金的价格和数量，通过商业银行这一传导渠道，最终由商业银行对实体经济授予信贷资金。在这一过程中，货币政策传导机制非常重要。中央银行通常会公布一个利率走廊区间，限定货币市场利率的波动，并在货币市场上，通过影响商业银行的投机性需求、流动性需求等需求动机，影响同业拆借市场上资金拆入和拆出的价格。

在相机抉择的政策框架下，货币市场受到负面冲击，预防性需求增加，推动市场利率走高。此时，中央银行会投入大量的流动性，以稳定市场利率。当在稳定的货币政策规则框架下，货币市场受到负面冲击后，由于具有既定的政策规则，预防性需求不会增加，中央银行不需要额外投入流动性以保持不变的市场利率。由于我国存在预算软约束的企业部门，对信贷资金具有刚性投机需求，容易形成货币政策规则调控下投机性需求增加，央行注入流动性的恶性循环。因此，中央银行执行货币政策规则时应妥善处理利率价格调节和数量流动性之间的关系。

7.4.3　强化货币政策与宏观审慎政策的协调机制

货币政策与宏观审慎政策相结合，共同应对资产价格泡沫产生和传染。货币政策的主要目标是维护物价稳定，宏观审慎政策的主要目标是防范系统性金融风险，维护金融系统稳定。当物价和资产价格出现同方向波动时，货币政策和宏观审慎政策可以相互补充，叠加政策效果，实现宏观调控的双重目标。具体地，当物价上涨，同时伴随资产价格上涨时，可以通过紧缩型货币政策工具以及宏观审慎政策工具抑制物价上涨，同时抑制资产价格泡沫产生和传染。当物价和资产价格出现不同方向的变动时，货币政策和宏观审慎政策之间存在潜在的冲突，应结合经济周期以及金融周期等其他方面的影响因素，把握政策调控的主要目标，适当掌握两类政策工具的实施力度和时点，有所倚重。

在货币政策和宏观审慎政策的协调发展方面：（1）要充分认识到我国基本国情的限制，货币政策的数量型调控在宏观经济中的作用要弱于价格型调控。同时，也要加快货币政策转型，畅通利率传导渠道，推进货币政策工具向市场化方向发展。特别是我国信贷投放冲动与信贷额度限制之间产生的"影子银行"业务，该部分业务脱离了资本充足率指标的硬性约束，存在较大风险隐患。监管部门对通道业务、同业业务和理财业务等具有"影子银行"特征的业务扩张应予以重点关注。同时，我国仍然存在一些对利率变动不敏感的存在财务预算软约束的国有企业、地方政府平台以及房地产企业等，加快利率双轨制向一轨制的市场化改革，加快国有企业治理制度的改革，对于完善货币政策调控框架，进而加强货币政策与宏观审慎政策的协调方面具有重要作用。（2）要进一步明确宏观审慎政策的传导途径，建立起宏观审慎政策的调控规则，充分发挥货币政策和宏观审慎政策对抑制资产价格泡沫产生和传染的抑制作用。

7.4.4　加强组织机构建设和政策工具设计

（1）关于组织机构建设。党的十九大以来，我国在防范化解金融风险方面做出了诸多政策性和体制性安排,其中的组织机构设计事关防范化解金融风险的权责安排,是其中的重要组成部分。

《党和国家机构改革方案》颁布之前,我国成立的防范化解金融风险的最高级别组织是国务院金融稳定发展委员会。2018年国务院金融稳定发展委员会正式成立,秘书处设在中国人民银行。金融委在防范化解金融风险中居于核心领导地位,统一领导中央银行、银保监会、证券管理委员会等。2019年2月,中国人民银行在内部成立宏观审慎管理局,专司宏观审慎职能,包括对系统重要性金融机构的监管、金融控股公司的监管、宏观审慎政策框架的设计等。

党的二十大以后,我国的金融监管体系迎来了重要变革。2023年3月,中共中央、国务院印发了《党和国家机构改革方案》,组建中央金融委员会和中央金融工作委员会,不再保留国务院金融稳定发展委员会。从之前的一行两会,转变为一行一局一会。在原银保监会基础上,组建国家金融监督管理总局,将原中央银行的金融控股监管和消费者权益保护等职能纳入其中,将证监会的投资者保护职责纳入其中。这一转变,有利于强化对金融业的机构监管、穿透监管、行为监管、功能监管和持续监管,是金融混业经营模式下,监管体系做出的相应改变。与此同时,在中央和地方的风险处置权责划分方面,强调中央在金融事权中处于领导地位。建立以中央金融管理部门地方派出机构为主的地方金融监管体制,地方政府设立的金融监管机构专司监管职责,不再加挂金融工作局、金融办公室等牌子。在资本市场上,将原属于证监会的公司债券发行工作划入国家发展改革委的企业债券发行审核职责。为优化货币政策的执行,撤销中国人民银行大区分行和分行营业管理部,撤销总行直属营业管理部和省会城市中心支行,在31个省份建立省级分行,在5个计划单列市设立分行,不再保留中国人民银行县(市)支行。

(2)关于政策工具设计。目前,货币政策改革的思路非常明确,货币政策调控由数量型向价格型调控逐渐转型,且作用于结构调整的思路越发清晰;既要降低市场利率,降低实体经济融资成本;还要加强对经济重点领域和薄弱环节的政策资金支持。①我国在深化利率市场化改革的道路上,取得多项突破性进展,在存贷款市场上均实现利率市场化以后,进一步推动贷款利率市场报价,加强力度整顿存款市场上的不规范行为,降低存款准备金的政策操作愈加被重视。②我国出台了多项结构性货币政策工具,除了正常使用支农支小再贷款外,自新冠疫情以来,共有普惠小微贷款支持工具、普惠小微贷款阶段性减息、交通物流专项再贷款、科技进步专项再贷款、设备更新改造专项再贷款、政策性开发性金融工具、养老普惠再贷款、碳减排支持工具、煤炭清洁利用专项再贷款等。

因此，在货币政策工具的设计方面，应继续加强结构性货币政策工具的应用，继续深化利率市场化改革，降低实体经济融资成本，推动银行信贷资金流向我国经济发展的绿色发展、科技创新、民营小微、制造业等重点领域和薄弱环节，为经济金融发展营造良好的货币环境，助推经济金融高质量发展。

对于宏观审慎政策而言，我国的宏观审慎政策框架正处于不断的完善过程中。制定了较多的政策规章制度，先后颁布了《关于加强非金融企业投资金融机构监管的指导意见》《关于规范金融机构资产管理业务的指导意见》《全球系统重要性银行总损失吸收能力管理办法》《金融控股公司关联交易管理办法》《商业银行金融资产风险分类办法》《金融支持房地产市场平稳健康发展工作的通知》等。目前，使用的政策工具包括资本缓冲工具、贷款价值比、资本充足率、房地产贷款集中度管理等。关注的重点领域是金融控股公司、系统重要性金融机构以及宏观审慎管理方法。采取的宏观审慎监测方法，包括对银行业、保险业、证券业和金融市场的稳健性进行评估；对银行业的偿付能力、流动性风险和传染风险进行压力测试；对互联网平台存款业务进行规范和监管；对公募基金进行流动性压力测试。对全国4000多家银行进行压力测试，包括偿付能力宏观情境压力测试、偿付能力敏感性压力测试、流动性风险压力测试和传染性风险压力测试。压力测试的内容包括整体信贷资产风险测试、房地产贷款风险测试、中小微企业及个人经营性贷款风险测试、地方政府债务风险测试、客户集中度风险、同业交易对手违约风险测试、投资损失风险测试、债券违约风险测试、理财回表资产信用风险测试。建立逆周期资本缓冲机制；加强房地产贷款集中度管理；对金融机构进行央行评级；建立更加严格规范的最后贷款人制度；建立存款保险制度。

下一步，应进一步加强宏观审慎政策体系的研究和完善，加强宏观审慎政策工具的设计和应用，对于逆周期资本缓冲等关键指标要持续完善监测方法。同时，加强对金融体系不同类型金融机构的稳健性评估，广泛开展压力测试，特别是对不同类型金融机构之间的风险传染进行压力测试。对于系统重要性金融机构以及金融控股公司等关系重要风险防控的机构类型，要予以重点关注。

参 考 文 献

[1] 巴曙松. 股指期货：该责难还是该大力发展 [J]. 中国金融家, 2015 (9)：141.

[2] 陈斌开, 金箫, 欧阳涤非. 住房价格、资源错配与中国工业企业生产率 [J]. 世界经济, 2015 (4)：77－98.

[3] 陈创练, 单敬群, 刘晓彬. 信贷流动性约束、宏观经济效应与货币政策弹性空间 [J]. 经济研究, 2022 (6)：101－118.

[4] 陈创练, 张年华, 黄楚光. 外汇市场、债券市场与股票市场动态关系研究 [J]. 国际金融研究, 2017 (12)：83－93.

[5] 陈国进, 许德学, 陈娟. 我国股票市场和外汇市场波动溢出效应分析 [J]. 数量经济技术经济研究, 2009 (12)：109－119.

[6] 陈国进, 颜诚. 中国股市泡沫的三区制特征识别 [J]. 系统工程理论与实践, 2013 (1)：25－33.

[7] 陈浪南, 黄杰鲲. 中国股票市场波动非对称性的实证研究 [J]. 金融研究, 2002 (5)：67－73.

[8] 陈伟泽, 陈小亮, 王兆瑞. 长期 TFP 增速变化对双支柱调控框架的影响研究——兼论双稳定目标的实现策略 [J]. 中国工业经济, 2023 (1)：19－37.

[9] 陈学彬, 曾裕峰. 中美股票市场和债券市场联动效应的比较研究——基于尾部风险溢出的视角 [J]. 经济管理, 2016 (7)：1－13.

[10] 陈雨露, 马勇. 泡沫、实体经济与金融危机：一个周期分析框架 [J]. 金融监管研究, 2012 (1)：1－19.

[11] 陈钊, 申洋. 限购政策的空间溢出与土地资源配置效率 [J]. 经济研究, 2021 (6)：93－109.

[12] 陈志成, 张敏, 刘震. 金融"脱实向虚"背景下双支柱调控框架构建与政策协调 [J]. 统计研究, 2023 (11)：93－107.

[13] 成思危. 虚拟经济的基本理论及研究方法 [J]. 管理评论,

2009 (1): 3 - 18.

[14] 戴园晨. 股市泡沫生成机理以及由大辩论引发的深层思考——兼论股市运行扭曲与庄股情结 [J]. 经济研究, 2001 (4): 41 - 50.

[15] 邓伟, 唐齐鸣. 基于指数平滑转移模型的价格泡沫检验方法 [J]. 数量经济技术经济研究, 2013 (4): 124 - 137.

[16] 董丰, 周基航, 贾彦东. 银行资产负债表、金融系统性风险与双支柱调控框架 [J]. 经济研究, 2023 (8): 62 - 82.

[17] 董丰, 许志伟. 刚性泡沫: 基于金融风险与刚性兑付的动态一般均衡分析 [J]. 经济研究, 2020 (10): 72 - 88.

[18] 范小云, 王道平, 刘澜飚. 规模、关联性与中国系统重要性银行的衡量 [J]. 金融研究, 2012 (11): 16 - 30.

[19] 方意, 张瀚文, 荆中博. "双支柱" 框架下中国式宏观审慎政策有效性评估 [J]. 经济学 (季刊), 2022 (5): 1489 - 1510.

[20] 方意. 宏观审慎政策有效性研究 [J]. 世界经济, 2016 (8): 25 - 49.

[21] 高洁超, 范从来, 杨冬莞. 企业动产融资与宏观审慎调控的配合效应 [J]. 金融研究, 2017 (6): 111 - 125.

[22] 葛新权. 泡沫经济计量模型研究与应用 [J]. 数量经济技术经济研究, 2005 (5): 67 - 78.

[23] 官晓莉, 熊熊, 张维. 我国金融机构系统性风险度量与外溢效应研究 [J]. 管理世界, 2020 (8): 65 - 83.

[24] 郭华, 申秋兰. 基于内在泡沫模型的中国股市泡沫研究 [J]. 广东金融学院学报, 2011 (6): 26 - 39.

[25] 郭树清. 坚定不移打好防范化解金融风险攻坚战 [J]. 中国保险, 2020 (9): 4.

[26] 郭文伟. 股市泡沫与债市泡沫之关系: 此消彼长抑或相互促进?——兼论货币政策及资本市场改革措施的影响 [J]. 中央财经大学学报, 2018 (7): 26 - 39.

[27] 郭子睿, 张明. 货币政策与宏观审慎政策的协调使用 [J]. 经济学家, 2017 (5): 68 - 75.

[28] 何德旭, 张庆君, 陈思. 资产数字化、银行风险与 "双支柱" 调控 [J]. 经济研究, 2023 (1): 38 - 55.

[29] 何德旭, 苗文龙, 闫娟娟, 等. 全球系统性金融风险跨市场传染效应分析 [J]. 经济研究, 2021 (8): 4 - 21.

［30］何国华，黄明皓．开放条件下货币政策的资产价格传导机制研究 ［J］．世界经济研究，2009 (2)：12 – 18.

［31］扈文秀，席酉民．泡沫经济的内涵界定述评 ［J］．经济学动态，2000 (10)：39 – 42.

［32］黄聪，贾彦东．金融网络视角下的宏观审慎管理——基于银行间支付结算数据的实证分析 ［J］．金融研究，2010 (4)：1 – 14.

［33］黄继承，姚驰，姜伊晴，等．"双支柱"调控的微观稳定效应研究 ［J］．金融研究，2020 (7)：1 – 20.

［34］黄秀海．一种新的股市泡沫计量方法 ［J］．经济学家，2008 (1)：91 – 99.

［35］黄益平，曹裕静，陶坤玉，等．货币政策与宏观审慎政策共同支持宏观经济稳定 ［J］．金融研究，2019 (12)：70 – 91.

［36］简志宏，向修海．修正的倒向上确界 ADF 泡沫检验方法——来自上证综指的证据 ［J］．数量经济技术经济研究，2012 (4)：110 – 122.

［37］江振龙．房地产市场波动、宏观审慎政策有效性与双支柱调控 ［J］．统计研究，2023 (2)：101 – 116.

［38］荆中博，方意．中国宏观审慎政策工具的有效性和靶向性研究 ［J］．财贸经济，2018 (10)：75 – 90.

［39］李斌，吴恒宇．对货币政策和宏观审慎政策双支柱调控框架内在逻辑的思考 ［J］．金融研究，2019 (12)：1 – 17.

［40］李少平，顾广彩．中国证券市场正反馈交易的实证研究 ［J］．系统工程，2007 (9)：111 – 115.

［41］李雪，龚飞，刘坤焱．资产价格泡沫与银行间系统性风险 ［J］．财经科学，2023 (11)：33 – 47.

［42］李政，刘淇，梁琪．基于经济金融关联网络的中国系统性风险防范研究 ［J］．统计研究，2019 (2)：23 – 37.

［43］梁琪，李政，卜林．中国宏观审慎政策工具有效性研究 ［J］．经济科学，2015 (2)：5 – 17.

［44］刘海飞，姚舜，肖斌卿，等．基于计算实验的股票市场羊群行为机理及其影响 ［J］．系统工程理论与实践，2011 (5)：805 – 812.

［45］刘煜松．股票内在投资价值理论与中国股市泡沫问题 ［J］．经济研究，2005 (2)：45 – 53.

［46］刘晓星，石广平．杠杆对资产价格泡沫的非对称效应研究 ［J］．金融研究，2018 (3)：53 – 70.

[47] 刘雪燕, 张晓峒. 非线性 LSTAR 模型中的单位根检验 [J]. 南开经济研究, 2009 (1): 61 – 74.

[48] 刘泽琴, 蔡宗武, 方颖. 货币政策和宏观审慎政策双支柱调控框架效应研究 [J]. 经济研究, 2022 (4): 138 – 153.

[49] 罗克关. 降准为何如此敏感? [N]. 证券时报, 2019 – 04 – 03 (A01).

[50] 马理, 范伟. 促进"房住不炒"的货币政策与宏观审慎"双支柱"调控研究 [J]. 中国工业经济, 2021 (3): 5 – 23.

[51] 马勇. "双支柱"调控框架的理论与经验基础 [J]. 金融研究, 2019 (12): 18 – 37.

[52] 马勇, 陈雨露. 宏观审慎政策的协调与搭配: 基于中国的模拟分析 [J]. 金融研究, 2013 (8): 57 – 69.

[53] 马勇, 章洪铭. 不同融资结构下的"双支柱"调控效应研究 [J]. 财贸经济, 2022 (10): 87 – 101.

[54] 马勇, 付莉. "双支柱"调控、政策协调搭配与宏观稳定效应 [J]. 金融研究, 2020 (8): 1 – 17.

[55] 马勇. 植入金融因素的 DSGE 模型与宏观审慎货币政策规则 [J]. 世界经济, 2013 (7): 68 – 92.

[56] 毛有碧, 周军. 股市泡沫测量及性质区分 [J]. 金融研究, 2007 (12): 186 – 197.

[57] 孟庆斌, 荣晨. 中国房地产价格泡沫研究——基于马氏域变模型的实证分析 [J]. 金融研究, 2017 (2): 101 – 116.

[58] 孟宪春, 张屹山, 李天宇. 有效调控房地产市场的最优宏观审慎政策与经济"脱虚向实"[J]. 中国工业经济, 2018 (6): 81 – 97.

[59] 邵宇平. 基于动态 Gordon 模型的中国股市泡沫研究 [J]. 上海金融, 2010 (12): 72 – 77.

[60] 史永东. 上海证券市场的分形结构 [J]. 预测, 2000 (5): 78 – 80.

[61] 司登奎, 葛新宇, 曾涛, 李小林. 房价波动、金融稳定与最优宏观审慎政策 [J]. 金融研究, 2019 (11): 38 – 56.

[62] 孙华妤, 马跃. 中国货币政策与股票市场的关系 [J]. 经济研究, 2003 (7): 44 – 53.

[63] 屠孝敏. O – F 模型与合理市盈率研究——中国股市泡沫的实证分析 [J]. 上海金融学院学报, 2006 (1): 35 – 40.

[64] 汪卢俊. LSTAR – GARCH 模型的单位根检验 [J]. 统计研究, 2014 (7): 85 – 91.

[65] 汪卢俊. 基于 LSTAR 模型的中国股市泡沫风险识别 [J]. 统计研究, 2018 (12): 102 – 112.

[66] 王辉, 朱家云, 陈旭. 银行间市场网络稳定性与系统性金融风险最优应对策略: 政府控股视角 [J]. 经济研究, 2021 (11): 100 – 118.

[67] 王擎, 田娇. 银行资本监管与系统性金融风险传递——基于 DSGE 模型的分析 [J]. 中国社会科学, 2016 (3): 99 – 122.

[68] 王少林, 林建浩, 杨燊荣. 中国货币政策与股票市场互动关系的测算——基于 FAVAR – BL 方法的分析 [J]. 国际金融研究, 2015 (5): 15 – 25.

[69] 王少平, 赵钊. 中国资本市场的突出风险点与监管的反事实仿真 [J]. 中国社会科学, 2019 (11): 44 – 63.

[70] 王晓, 李佳. 金融稳定目标下货币政策与宏观审慎监管之间的关系: 一个文献综述 [J]. 国际金融研究, 2013 (4): 22 – 29.

[71] 王信, 贾彦东. 货币政策和宏观审慎政策的关联及启示——基于英格兰银行的经验 [J]. 金融研究, 2019 (12): 38 – 57.

[72] 王永钦, 徐鸿恂. 杠杆率如何影响资产价格? ——来自中国债券市场自然实验的证据 [J]. 金融研究, 2019 (2): 20 – 39.

[73] 王宇晴, 陈贞竹, 徐臻阳. 双支柱政策的时变效果及协调作用 [J]. 经济科学, 2022 (4): 18 – 33.

[74] 吴世农, 许年行. 资产的理性定价模型和非理性定价模型的比较研究——基于中国股市的实证分析 [J]. 经济研究, 2004 (6): 105 – 116.

[75] 徐爱农. 中国股票市场泡沫测度及其合理性研究 [J]. 财经理论与实践, 2007 (1): 34 – 39.

[76] 徐海霞, 吕守军. 我国货币政策与宏观审慎监管的协调效应研究 [J]. 财贸经济, 2019 (3): 53 – 67.

[77] 徐琳琰, 齐结斌, 叶扬洋. 房价、杠杆率与双支柱调控: 动态模拟和微观检验 [J]. 金融发展评论, 2022 (4): 1 – 21.

[78] 徐忠, 张雪春, 邹传伟. 房价、通货膨胀与货币政策——基于中国数据的研究 [J]. 金融研究, 2012 (6): 1 – 12.

[79] 徐忠. 房价过快上涨的宏观经济影响 [J]. 中国金融, 2017 (17): 49 – 51.

[80] 严武, 金涛. 我国股价和汇率的关联: 基于 VAR – MGARCH 模

型的研究 [J]. 财贸经济, 2010 (2): 19-24.

[81] 杨继红, 王浣尘. 基于卡尔曼滤波的股市泡沫度量 [J]. 上海交通大学学报, 2006 (4): 693-696.

[82] 杨子晖, 李东承. 我国银行系统性金融风险研究——基于"去一法"的应用分析 [J]. 经济研究, 2018 (8): 36-51.

[83] 杨子晖, 王姝黛. 突发公共卫生事件下的全球股市系统性金融风险传染——来自新冠疫情的证据 [J]. 经济研究, 2021 (8): 22-38.

[84] 杨子晖, 王姝黛. 行业间下行风险的非对称传染: 来自区间转换模型的新证据 [J]. 世界经济, 2020 (6): 28-51.

[85] 杨子晖, 周颖刚. 全球系统性金融风险溢出与外部冲击 [J]. 中国社会科学, 2018 (12): 69-90.

[86] 杨子晖, 陈雨恬, 陈里璇. 极端金融风险的有效测度与非线性传染 [J]. 经济研究, 2019 (5): 63-80.

[87] 易纲. 货币政策回顾与展望 [J]. 中国金融, 2018 (3): 9-11.

[88] 易纲. 坚守币值稳定目标 实施稳健货币政策 [J]. 中国金融家, 2019 (12): 25-28.

[89] 易宇寰, 潘敏. 美联储加息冲击下中国双支柱调控政策的协调研究——基于"稳增长"与"防风险"的视角 [J]. 财贸经济, 2022 (11): 75-90.

[90] 余泳泽, 张少辉. 城市房价、限购政策与技术创新 [J]. 中国工业经济, 2017 (6): 98-116.

[91] 郁芸君, 张一林, 彭俞超. 监管规避与隐性金融风险 [J]. 经济研究, 2021, 56 (4): 93-109.

[92] 袁越, 胡文杰. 紧缩性货币政策能否抑制股市泡沫? [J]. 经济研究, 2017 (10): 82-97.

[93] 张朝洋, 胡援成. 货币政策调整、公司融资约束与宏观审慎管理——来自中国上市公司的经验证据 [J]. 中国经济问题, 2017 (5): 107-119.

[94] 张晓慧. 关于资产价格与货币政策问题的一些思考 [J]. 金融研究, 2009 (7): 1-6.

[95] 张屹山, 方毅. 中国股市庄家交易操纵的模型与政策分析 [J]. 管理世界, 2007 (5): 40-48.

[96] 赵胜民, 张瀚文. 我国宏观审慎政策与货币政策的协调问题研究——基于房价波动的非对称性影响 [J]. 国际金融研究, 2018 (7): 12-21.

[97] 郑鸣, 倪玉娟, 刘林. 我国货币政策对股票价格的影响——基于 Markov 区制转换 VAR 模型的实证分析 [J]. 经济管理, 2010, 32 (11): 7 – 15.

[98] 周春生, 杨云红. 中国股市的理性泡沫 [J]. 经济研究, 2002 (7): 33 – 40 + 62 – 90.

[99] 周京奎. 房地产价格波动与投机行为——对中国 14 城市的实证研究 [J]. 当代经济科学, 2005 (4): 19 – 24.

[100] 周小川. 金融政策对金融危机的响应——宏观审慎政策框架的形成背景、内在逻辑和主要内容 [J]. 金融研究, 2011 (1): 1 – 14.

[101] Akerlof G. A. The market for "lemons": Asymmetrical information and market behavior [J]. Quarterly Journal of Economics, 1970, 83 (3): 488 – 500.

[102] Aobdia D., Caskey J., Ozel N B. Inter-industry network structure and the cross-predictability of earnings and stock returns [J]. Review of Accounting Studies, 2014 (19): 1191 – 1224.

[103] Avery C., Zemsky P. Multidimensional uncertainty and herd behavior in finacial markets [J]. The American Economic Review, 1998, 88 (4): 724 – 748.

[104] Baur D. G., Lucey B. M. Flights and contagion—An empirical analysis of stock-bond correlations [J]. Journal of Financial Stability, 2009, 5 (4): 339 – 352.

[105] Baur D. G., Lucey B. M. Is gold a hedge or a safe haven? An analysis of stocks, bonds and gold [J]. Financial Review, 2010, 45 (2): 217 – 229.

[106] Bean C. The great moderation, the great panic, and the great contraction [J]. Journal of the European Economic Association, 2010, 8 (2 – 3): 289 – 325.

[107] Beau D., Clerc L., Mojon B. Macro-prudential policy and the conduct of monetary policy [J]. Central Banking, Analysis, and Economic Policies Book Series, 2019 (19): 273 – 314.

[108] Bekiros S., Nilavongse R., Uddin G. S. Expectation-driven house prices and debt defaults: The effectiveness of monetary and macroprudential policies [J]. Journal of Financial Stability, 2020 (49): 100760.

[109] Bernanke B. S., Gertler M. Monetary policy and asset price volatility [R]. National Bureau of Economic Research, 2000.

[110] Bernanke B. S. , Laubach T. , Mishkin F. S. Inflation targeting: lessons from the international experience [M]. Princeton University Press, 2001.

[111] Bernanke B, Blinder A S. The federal funds rate and the transmission of monetary policy [J]. American Economic Review, 1992, 82 (4): 901 – 921.

[112] Blanchard O. , Watson M. Bubbles, rational expectations, and financial markets [R]. NBER Working Paper, 1982: 945.

[113] Bollerslev T. Generalized autoregressive conditional heteroskedasticity [J]. Journal of Econometrics, 1986 (31): 307 – 327.

[114] Borio C. E. V. , Shim I. What can (macro-) prudential policy do to support monetary policy? [R]. BIS Working Paper, 2007.

[115] Box G. E. P. , Jenkins G. M. Time Series Analysis: Forecasting and Control [M]. Holden-Day, San Francisco, 1970.

[116] Brownlees C, Engle R F. SRISK: A conditional capital shortfall measure of systemic risk [J]. The Review of Financial Studies, 2017, 30 (1): 48 – 79.

[117] Brunnermeier M. , Rother S. , Schnabel I. Asset price bubbles and systemic risk [J]. The Review of Financial Studies, 2020, 33 (9): 4272 – 4317.

[118] Caporale G. M. , Cipollini A. , Spagnolo N. Testing for contagion: a conditional correlation analysis [J]. Journal of Empirical Finance, 2005, 12 (3): 476 – 489.

[119] Caramazza F. , Ricci L. A. , Salgado R. Trade and financial contagion in currency crises [R]. IMF Working Paper, 2000.

[120] Caspi I. , Graham M. Testing for bubbles in stock markets with irregular dividend distribution [J]. Finance Research Letters, 2018 (26): 89 – 94.

[121] Chan F. , Mcaleer M. , Medeiros M. C. Structure and asymptotic theory for nonlinear models with GARCH errors [J]. Economic, 2015, 16 (1): 1 – 21.

[122] Chang E. , Chou R. Y. , Nelling E. F. Market volatility and the demand for hedging in stock index futures [J]. Journal of Futures Markets, 2000, 20 (2): 105 – 125.

[123] Chirkova E. Was the fall of the stock market in 2008 the correction bubble? [J]. Economic Policy, 2014 (3): 93 – 115.

[124] DeLong J. B. "Liquidation" Cycles and the great Depression [M]. Cambridge: Harvard University xerox, 1991.

[125] Deng Y. , Girardin E. , Joyeux R. , et al. Did bubbles migrate from the stock to the housing market in China between 2005 and 2010 [J]. Pacific Economic Review, 2017, 22 (3): 276 – 292.

[126] Dezhbakhsh H. , Demirguc-Kunt A. On the presence of speculative bubbles in stock prices [J]. Journal of Financial and Quantitative Analysis, 1990, 25 (1): 101 – 112.

[127] Diba B. T. , Grossman H. I. Explosive rational bubbles in stock prices [J]. The American Economic Review, 1988, 78 (3): 553 – 580.

[128] Diebold F. X. , Yilmaz K. Better to give than to receive: Predictive directional measurement of volatility spillovers [J]. International Journal of Forecasting, 2012, 28 (1): 57 – 66.

[129] Diebold F. X. , Yilmaz K. On the network topology of variance decompositions: Measuring the connectedness of financial firms [J]. Journal of Econometrics, 2014, 182 (1): 119 – 134.

[130] Dieci R. , Schmitt N. , Westerhoff F. , et al. Interactions between stock, bond and housing markets [J]. Journal of Economic Dynamics and Control, 2018 (91): 43 – 70.

[131] Dong F. , Miao J. , Wang P. Asset bubbles and monetary policy [J]. Review of Economic Dynamics, 2020 (37): S68 – S98.

[132] Dungey M. , Fry R. , González-Hermosillo B. , et al. Contagion in international bond markets during the Russian and the LTCM crises [J]. Journal of Financial Stability, 2006, 2 (1): 1 – 27.

[133] Ehrmann M. , Fratzscher M. , Rigobon R. Stocks, bonds, money markets and exchange rates: measuring international financial transmission [J]. Journal of Applied Econometrics, 2011, 26 (6): 948 – 974.

[134] Evans G. W. Pitfalls in testing for explosive bubbles in asset prices [J]. The American Economic Review, 1991, 81 (4): 922 – 930.

[135] Fama E. F. The Behavior of Stock-Market Prices [J]. The Journal of Business, 1965, 38 (1): 34 – 105.

[136] Feng L. , Shi Y. A simulation study on the distributions of disturbances in the GARCH model [J]. Cogent Economics & Finance, 2017, 5 (1): 1355503.

[137] Fershtman C. , Fishman A. Price cycles and booms: dynamic search equilibrium [J]. The American economic review, 1992, 82 (5): 1221 –1233.

[138] Forbes K. J. , Rigobon R. No contagion, only interdependence: measuring stock market comovements [J]. The journal of Finance, 2002, 57 (5): 2223 –2261.

[139] Greenaway-McGrevy R. , Phillips P. C. B. Hot property in New Zealand: Empirical evidence of housing bubbles in the metropolitan centres [J]. New Zealand Economic Papers, 2016, 50 (1): 88 –113.

[140] Greenspan A. Statement by Alan Greenspan [J]. Journal of Applied Corporate Finance, 1989, 2 (1): 31 –34.

[141] Greenwood R. , Landier A. , Thesmar D. Vulnerable banks [J]. Journal of financial economics, 2015, 115 (3): 471 –485.

[142] Hahn F. H. Equilibrium Dynamics with Heterogeneous Capital Goods [J]. The Quarterly Journal of Economics, 1966, 80 (4): 633 –646.

[143] Hartmann P. , Straetmans S. , Vries C. G. Asset market linkages in crisis periods [J]. Review of Economics and Statistics, 2004, 86 (1): 313 –326.

[144] Hassan S. A. , Malik F. Multivariate GARCH modeling of sector volatility transmission [J]. The quarterly review of economics and finance, 2007, 47 (3): 470 –480.

[145] Himino R. Policy responses to asset price bubbles in Japan and the US: The myth and the reality [R]. SIPA Working Paper, 2015.

[146] Hirshleifer D. , Teoh S. H. Limited attention, information disclosure, and financial reporting [J]. Journal of accounting and economics, 2003, 36 (1 –3): 337 –386.

[147] Homm U. , Breitung J. Testing for speculative bubbles in stock markets: a comparison of alternative methods [J]. Journal of Financial Econometrics, 2012, 10 (1): 198 –231.

[148] Hu Y. , Oxley L. Are there bubbles in exchange rates? Some new evidence from G10 and emerging market economies [J]. Economic Modelling, 2017 (64): 419 –442.

[149] Hugonnier J. , Prieto R. Asset pricing with arbitrage activity [J]. Journal of Financial Economics, 2015, 115 (2): 411 –428.

[150] Inci A. C. , Lee B. Dynamic relations between stock returns and ex-

change rate changes [J]. European Financial Management, 2014, 20 (1): 71 –106.

[151] Issing O. Asset prices and monetary policy [J]. Cato Journal, 2009, 29 (1): 45 –51.

[152] Jarrow R. , Lamichhane S. Asset price bubbles, market liquidity, and systemic risk [J]. Mathematics and Financial Economics, 2021, 15 (1): 5 –40.

[153] Jiang C. , Wang Y. , Chang T. , et al. Are there bubbles in Chinese RMB-dollar exchange rate? Evidence from generalized supADF tests [J]. Applied Economics, 2015, 47 (56): 6120 –6135.

[154] Kal S. H. , Arslaner F. , Arslaner N. , et al. The dynamic relationship between stock, bond and foreign exchange markets [J]. Economic Systems, 2015, 39 (4): 592 –607.

[155] Kapetanios G. , Shin Y. , Snell A. Testing for a unit root in the nonlinear STAR framework [J]. Journal of Econometrics, 2003, 112 (2): 359 –379.

[156] Kapopoulos P. , Siokis F. Stock market crashes and dynamics of aftershocks [J]. Economics Letters, 2005, 89 (1): 48 –54.

[157] Kaufman G. G. , Scott K. E. What is systemic risk, and do bank regulators retard or contribute to it? [J]. The Independent Review, 2003, 7 (3): 371 –391.

[158] Kindleberger C. P. International Capital Movements: Based on the Marshall Lectures Given at the University of Cambridge, 1985 [M]. CUP Archive, 1987.

[159] Kleidon A. W. Variance Bounds Tests and Stock Price Valuation Models [J]. Journal of Political Economy, 1986, 94 (5): 953 –1001.

[160] Kohn D. L. Monetary policy and asset prices revisited [J]. Cato J, 2009 (29): 31.

[161] Kuttner K. , Shim I. Taming the real estate beast: the effects of interest rate, credit and housing-related tax policies on housing prices and credit [R]. BIS Working Papers, 2013.

[162] Laeven L. , Ratnovski L. , Tong H. Bank size, capital, and systemic risk: Some international evidence [J]. Journal of Banking & Finance, 2016 (69): S25 –S34.

[163] Lastrapes W. D. International evidence on equity prices, interest rates and money [J]. Journal of International Money and Finance, 1998, 17 (3): 377 –406.

[164] LeRoy S. F. , Porter R. D. The Present-Value Relation: Tests Based on Implied Variance Bounds [J]. Econometrica, 1981, 49 (3): 555 –574.

[165] Lim C. H. , Costa A. , Columba F. , et al. Macroprudential policy: what instruments and how to use them? Lessons from country experiences [R]. IMF Working Paper, 2011.

[166] Ling S. , Li W. K. Asymptotic inference for unit root processes with GARCH (1, 1) errors [J]. Econometric Theory, 2003 (19): 541 –564.

[167] Longstaff F. A. The subprime credit crisis and contagion in financial markets [J]. Journal of Financial Economics, 2010, 97 (3): 436 –450.

[168] Lundbergh S. , Teräsvirta T. Modelling high-frequency time series with STAR-GARCH models [R]. SSE/EFI Working Paper, 1998: 291.

[169] Luukkonen R. , Saikkonen P. , Teräsvirta T. Testing linearity in univariate time series models [J]. Scandinavian Journal of Statistics, 1988 (1): 161 –175.

[170] Lux T. Herd Behaviour, Bubbles and Crashes [J]. Economic Journal, 1995, 105 (431): 881 –896.

[171] Mackay C. Extraordinary popular delusions and the madness of crowds [M]. Start Publishing LLC, 2012.

[172] Mankiw N. G. , Romer D. , Shapiro M. D. An unbiased reexamination of stock market volatility [J]. The Journal of Finance, 1985, 40 (3): 677 –687.

[173] Marsh T. A. , Merton R. C. Dividend variability and variance bounds tests for the rationality of stock market prices [J]. The American Economic Review, 1986, 76 (3): 483 –498.

[174] Moraleszumaquero A. , Sosvillarivero S. Volatility spillovers between foreign exchange and stock markets in industrialized countries [J]. The Quarterly Review of Economics and Finance, 2018 (70): 121 –136.

[175] Mumtaz H. , Surico P. Evolving international inflation dynamics: world and country-specific factors [J]. Journal of the European Economic Association, 2012, 10 (4): 716 –734.

[176] Nelson C. R. , Plosser C. R. Trends and random walks in macro-

econmic time series: some evidence and implications [J]. Journal of Monetary Economics, 1982 (10): 139 – 162.

[177] Nier E. W. , Kang H. Monetary and macroprudential policies-exploring interactions [R]. BIS Paper, 2016.

[178] Pantula S. G. Testing for unit roots in time series [J]. Econometric Theory, 1989, 5 (2): 256 – 271.

[179] Patterson D. M. , Singh V. Herding During the Stock Market Bubble: An Intraday Analysis [R]. SSRN 2603399, 2015.

[180] Perron P. The great crash, the oil price shock, and the unit root hypothesis [J]. Econometrica, 1989 (57): 1361 – 1401.

[181] Phillips P. C. B. , Shi S. , Yu J. Testing for multiple bubbles: Historical episodes of exuberance and collapse in the S&P 500 [J]. International Economic Review, 2015, 56 (4): 1043 – 1078.

[182] Phillips P. C. , Shi S. , Yu J. Testing for Multiple Bubbles: Limit Theory of Real Time Detectors [J]. International Economic Review, 2013, 56 (4): 1079 – 1134.

[183] Phillips P. C. , Wu Y. , Yu J. Explosive behavior in the 1990s NASDAQ: when did exuberance escalate asset values? [J]. International Economic Review, 2011, 52 (1): 201 – 226.

[184] Primiceri G. E. Time varying structural vector autoregressions and monetary policy [J]. The Review of Economic Studies, 2005, 72 (3): 821 – 852.

[185] Raza H. , Wu W. Quantile dependence between the stock, bond and foreign exchange markets-Evidence from the UK [J]. The Quarterly Review of Economics and Finance, 2018 (69): 286 – 296.

[186] Revelo J. D. G. , Levieuge G. When could macroprudential and monetary policies be in conflict? [J]. Journal of Banking & Finance, 2022 (139): 106484.

[187] Revelo J. D. G. , Lucotte Y. , Pradines-Jobet F. Macroprudential and monetary policies: The need to dance the Tango in harmony [J]. Journal of International Money and Finance, 2020 (108): 102156.

[188] Samuelson P. A. Efficient portfolio selection for Pareto-Lévy investments [J]. Journal of Financial and Quantitative Analysis, 1967, 2 (2): 107 – 122.

[189] Scheinkman J. A, Xiong W. Overconfidence and speculative bub-

bles [J]. Journal of Political Economy, 2003, 111 (6): 1183 – 1220.

[190] Shell K. , Stiglitz J. E. The allocation of investment in a dynamic economy [J]. The Quarterly Journal of Economics, 1967, 81 (4): 592 – 609.

[191] Shiller R. J. Do stock prices move too much to be justified by subsequent changes in dividends [J]. The American Economic Review, 1981, 71 (3): 421 – 436.

[192] Shiller R. J. Measuring bubble expectations and investor confidence [J]. The Journal of Psychology and Financial Markets, 2000, 1 (1): 49 – 60.

[193] Sornette D. , Johansen A. , Bouchaud J. P. Stock market crashes, precursors and replicas [J]. Journal de Physique I, 1996, 6 (1): 167 – 175.

[194] Stiglitz J. E, Weiss A. Credit rationing in markets with imperfect information [J]. The American Economic Review, 1981, 71 (3): 393 – 410.

[195] Stiglitz J. E. Symposium on bubbles [J]. Journal of economic perspectives, 1990, 4 (2): 13 – 18.

[196] Teräsvirta T. Specification, estimation, and evaluation of smooth transition autoregressive models [J]. Journal of the American Statistical Association, 1994, 89 (425): 208 – 218.

[197] Tinbergen J. On the theory of economic policy [M]. North Holland, Amsterdam, 1952.

[198] Tirole J. Asset bubbles and overlapping generations [J]. Econometrica, 1985, 53 (6): 1499 – 1528.

[199] Unsal D. F. Capital flows and financial stability: monetary policy and macroprudential responses [R]. IMF Working Paper, 2011.

[200] Van Dijk D. , Terasvirta T. , Franses P. H. Smooth transition autoregressive models-a survey of recent developments [J]. Econometric Reviews, 2002, 21 (1): 1 – 47.

[201] Wang S. , Chen L. , Xiong X. Asset bubbles, banking stability and economic growth [J]. Economic Modelling, 2019 (78): 108 – 117.

[202] West K. D. A specification test for speculative bubbles [J]. Quarterly Journal of Economics, 1987, 102 (3): 553 – 580.

[203] Zhang X. , Fu Q. , Lu L. , et al. Bank liquidity creation, network contagion and systemic risk: Evidence from Chinese listed banks [J]. Journal of Financial Stability, 2021 (53): 100844.

[204] Zhang X. , Zhang T. , Lee C. C. The path of financial risk spillo-

ver in the stock market based on the R-vine-Copula model [J]. Physica A: Statistical Mechanics and its Applications, 2022 (600): 127470.

[205] Zhao Q. , Li G. , Gu X. , et al. Inequality hikes, saving surges, and housing bubbles [J]. International Review of Economics & Finance, 2021 (72): 349 –363.

图书在版编目（CIP）数据

资产价格泡沫的识别、交叉传染与治理机制研究／
汪卢俊著 . -- 北京：经济科学出版社，2024.5
国家社科基金后期资助项目
ISBN 978 - 7 - 5218 - 5903 - 4

Ⅰ. ①资… Ⅱ. ①汪… Ⅲ. ①资本市场 - 经济波动 -
研究 Ⅳ. ①F830. 9

中国国家版本馆 CIP 数据核字（2024）第 101252 号

责任编辑：白留杰 凌 敏
责任校对：靳玉环
责任印制：张佳裕

资产价格泡沫的识别、交叉传染与治理机制研究
ZICHAN JIAGE PAOMO DE SHIBIE, JIAOCHA CHUANRAN YU
ZHILI JIZHI YANJIU

汪卢俊 著

经济科学出版社出版、发行 新华书店经销
社址：北京市海淀区阜成路甲 28 号 邮编：100142
教材分社电话：010 - 88191309 发行部电话：010 - 88191522
网址：www. esp. com. cn
电子邮箱：bailiujie518@ 126. com
天猫网店：经济科学出版社旗舰店
网址：http：//jjkxcbs. tmall. com
北京季蜂印刷有限公司印装
710 × 1000 16 开 11.75 印张 200000 字
2024 年 5 月第 1 版 2024 年 5 月第 1 次印刷
ISBN 978 - 7 - 5218 - 5903 - 4 定价：49.00 元
（图书出现印装问题，本社负责调换。电话：010 - 88191545）
（版权所有 侵权必究 打击盗版 举报热线：010 - 88191661
QQ：2242791300 营销中心电话：010 - 88191537
电子邮箱：dbts@ esp. com. cn）